"ධම්මෝ හි වාසෙට්ඨා, සෙට්ඨෝ ජනේතස්මිං
දිට්ඨේ චේව ධම්මේ, අභිසම්පරායේ ච."

වාසෙට්ඨයෙනි, මෙලොවෙහි ත්, පරලොවෙහි ත්
ජනයා අතර ධර්මය ම ශ්‍රේෂ්ඨ වෙයි !

- අග්ගඤ්ඤ සූත්‍රය - භාගයවත් බුදුරජාණන් වහන්සේ

නුවණ වැඩෙන බෝසත් කථා - 34
ජාතක පොත් වහන්සේ

(කෝකාලික වර්ගය)

පූජ්‍ය කිරිබත්ගොඩ ඤාණානන්ද ස්වාමීන් වහන්සේ

© සියලුම හිමිකම් ඇවිරිණි.

ISBN : 978-955-687-157-9

ප්‍රථම මුද්‍රණය : ශ්‍රී බු.ව. 2562 ක් වූ වෙසක් මස පුන් පොහෝ දින

සම්පාදනය : මහමෙව්නාව භාවනා අසපුව
වඩුවාව, යටිගල්ඔළුව, පොල්ගහවෙල.
දුර : 037 2244602
info@mahamevnawa.lk | www.mahamevnawa.lk

පරිගණක අකුරු සැකසුම, පිටකවර නිර්මාණය සහ ප්‍රකාශනය :
මහාමේඝ ප්‍රකාශකයෝ
වඩුවාව, යටිගල්ඔළුව, පොල්ගහවෙල.
දුර : 037 2053300, 076 8255703
mahameghapublishers@gmail.com

මුද්‍රණය : ලීඩ්ස් ග්‍රැෆික්ස් (පුද්.) සමාගම,
අංක 356 E, පන්නිපිටිය පාර, තලවතුගොඩ.
ටෙලි: 011-4301616 / 0112-796151

නුවණ වැඩෙන බෝසත් කථා - 34

ජාතක පොත් වහන්සේ

(කෝකාලික වර්ගය)

සරල සිංහල පරිවර්තනය

පූජ්‍ය කිරිබත්ගොඩ ඤාණානන්ද ස්වාමීන් වහන්සේ

මහාමේඝ
MAHAMEGHA
විශාලි මියැදෙන්නට පෙර - සිඹ සෙමා සුරකිනු පිණිස

ප්‍රකාශනයකි

පෙරවදන

ජාතක පොත් වහන්සේ ඔබ කියවලා ඇති. කුඩා අවධියේත්, පාසලේදීත්, සරසවියේත්, පන්සලේ බණ මඩුවේත්, වෙසක් නාඩගමේත් අපි ජාතක කථා රස වින්දෙමු. නමුත් එහි සැබෑ අරුත කුමක් දැයි තේරුම් ගන්නට අප සමත් වූ වගක් නම් නොපෙනේ.

'නුවණ වැඩෙන බෝසත් කථා' නමින් ඒ ජාතක කථා ඔබේම භාෂාවෙන් ඔබට කියවන්නට ලැබෙන්නේ එයින් ඉස්මතු වන අරුතත් සමඟිනි. මෙහි අරුත් දැන එම කථාවත් මතක තබා ගෙන සත්පුරුෂ ගුණධර්ම දියුණු කර ගන්නට මහන්සි ගන්නේ නම් එය ජාතක කථාවෙන් ඔබට ලැබෙන සැබෑම ප්‍රතිඵලයයි.

හැම දෙනාටම තෙරුවන් සරණයි!

මෙයට,
ගෞතම බුදු සසුන තුළ මෙත් සිතින්,
පූජ්‍ය කිරිබත්ගොඩ ඤාණානන්ද ස්වාමීන් වහන්සේ
ශ්‍රී බුද්ධ වර්ෂ 2560 ක් වූ වෙසක් මස 31 දා

මහමෙව්නාව භාවනා අසපුව
වඩුවාව, යටිගල්ඔළුව,
පොල්ගහවෙල.

පටුන

34. කෝකාලික වර්ගය

1. **කෝකාලික ජාතකය**
අපාගත වූ කෝකාලික භික්ෂුව නිසා වදාළ කතාව ... **09**

2. **රථලට්ඨි ජාතකය**
රථයේ කෙවිටි දණ්ඩෙන් අනුන්ට ගැසූ
බමුණාගේ කතාව **20**

3. **පක්කගෝධ ජාතකය**
පිසින ලද තලගොයාගේ කතාව **25**

4. **රාජෝවාද ජාතකය**
රජුට අවවාද කළ බෝසත් තවුසාගේ කතාව **33**

5. **ජම්බුක ජාතකය**
තම තරම නොදැන කටයුතු කොට නැසී ගිය
ජම්බුක නමැති සිවලාගේ කතාව **40**

6. **බ්‍රහාඡත්ත ජාතකය**
කපටිකමින් තම රජය ගත් බ්‍රහාඡත්ත
තාපසයාගේ කතාව **47**

7. **පීඨ ජාතකය**
දානයට අසුනක් නොලත් තවුසාගේ කතාව **55**

8. **ථුස ජාතකය**
ගුරුවරයාගේ අවවාදය නිසා මරණයෙන් බේරුණ
රජුගේ කතාව **61**

9. **බාවේරු ජාතකය**
වෙනත් සතුන් නැති රටේ කපුටා පිදුම් ලැබූ කතාව ... **72**

10. **විසය්හ ජාතකය**
ඉතා දුකසේ පවා දන් දුන් විසය්හ සිටුතුමාගේ කතාව **78**

නමෝ තස්ස භගවතෝ අරහතෝ සම්මාසම්බුද්ධස්ස
ඒ භාග්‍යවත් අර්හත් සම්මා සම්බුදුරජාණන් වහන්සේට නමස්කාර වේවා!

01. කෝකාලික ජාතකය

අපාගත වූ කෝකාලික භික්ෂුව නිසා වදාළ කතාව

පින්වතුනේ, පින්වත් දරුවනේ,

මේ කාලේ පවා සමහර අය කරුණු නොසොයා, නොබලා, නොවිමසා නොයෙක් අයට හිතුමනාපේ නින්දා අපහාස කරනවා. බැරිවෙලාවත් තමන්ගේ නින්දා අපහාසයන්ට බඳුන් වන්නේ උතුම් ගතිගුණ ඇති යහපත් අය නම් එසේ නින්දා කරන අයට බරපතල අකුසල් රැස්වෙනවා. තවත් සමහර අය විශේෂ හේතුවක් නැතත් නිකරුණේ අන්‍යයන්ට නින්දා අපහාස කොට ගරහා නීච සතුටක් ලබනවා. ඒකත් ගොඩාක් භයානකයි. තවත් සමහරු හුදු ඊර්ෂ්‍යාව නිසාත් අන් අයට නින්දා අපහාස ගැරහීම් කරනවා. ඒවා සුළුපටු අකුසල් නොවේ. මේ කතාවෙන් කියැවෙන්නෙත් එබඳු දෙයක්.

ඒ දිනවල අපගේ භාග්‍යවතුන් වහන්සේ වැඩ වාසය කොට වදාළේ සැවැත්නුවර ජේතවනයේ. ඔය කාලේ කෝකාලික රටේ කෝකාලික සිටුතුමාගේ කෝකාලික නමැති පුත්‍රයා බුදු සසුනේ පැවිදිව සිටියා. ඒ සිටුතුමා

කෝකාලික රටේ විහාරයක් කරවා දුන්නා. කෝකාලික භික්ෂුව වාසය කළේ ඒ විහාරයේ.

මේ කෝකාලික භික්ෂුව මුල්කාලයේ අපගේ අග්‍රශ්‍රාවකයන් වහන්සේලා දෙනමට මහත් ආදරයෙන් සිටියා. කෝකාලික රටේ තමන් වසන ආරාමයට වඩින්ට කියා නිතර නිතර ඇවිටිලි කළා. ඒ නිසාම එක්තරා වස් කාලයක අපගේ දැගසව්වන් වහන්සේලා කෝකාලිකගේ විහාරයට වැඩියා. තමන් වහන්සේලා එහෙ ඉන්නා වගක් ගම්මුන්ට කියන්ට එපාය කියලත් කෝකාලික භික්ෂුවගෙන් පොරොන්දු ගත්තා. ඉතින් අපගේ දැගසව්වන් වහන්සේලා ඉතා විවේකීව හුදෙකලා සැපයෙන් යුතුව ඒ තුන්මාසය ගත කළා. වස් කාලය අවසන් වුනා. අපගේ දැගසව්වන් වහන්සේලා තමන්ට විවේක වත් සැපයීම ගැන කෝකාලික තෙරුන්ට පුණ්‍යානුමෝදනා කොට පිටත් වුනා.

කෝකාලික භික්ෂුව එදා මහා කපටි වැඩක් කළා. තමන්ගේ මහන්තත්තකමත් පෙන්නන්ට එක්ක අගසව් දෙනම වහන්සේලා වැඩි ගමන් ගම්මුන් රැස් කරවා දොස් කියන්ට පටන්ගත්තා.

"හනේ... මන්දා... ඔහේලා නිකාං සත්තු වගේ ඔහේ කාලා බීලා ඉන්ට. ඔහේලා දන්නවැයි මෙතෙක් දවස් මේ වස්කාලය පුරා අපේ ආවාසේ වැඩ සිටියේ කව්දැයි කියා...?"

"අනේ ස්වාමීනී, අපි දන්නෑ නොවැ. කෝ ඉතින් අපට තමුන්නාන්සේ කීවායැ... හැබැයි දෙනමක් ගමේ පිණ්ඩපාතේ වැඩියා. අපිත් දන් බෙදා ගත්තා. හැබැට

ස්වාමීනී, උන්නාන්සේලා කව්ද?"

"වෙන කව්ද ඉතිං... ඔහේලාට මතකෙයි අර රන්වන් පාට, ටිකාක් උස, මහා ලස්සන රූපයක් තිබුනු තෙරුන්නාන්සේ?"

"ඔව්... ඔව්... අපට මතකයි."

"ආං... ඒ තමා ධර්මසේනාධිපතීන් වහන්සේ. ඒ කියන්නේ උන්නාන්සේ තමා අපේ භාග්‍යවතුන් වහන්සේගේ දකුණු පැත්තේ ළඟින් ම වැඩ ඉන්නේ."

"ආනේ... සා...දු... සා...දු...!"

"ඊළඟට ඔහේලාට මතකෙයි අනිත් ලා නිල් පාටින් යුතු, රෝසපාට අතුල් පතුල් තියන මහානුභාව සම්පන්න පෙනුම ඇති තෙරුන්නාන්සේ?"

"හරි... මතකයි... අපට."

"ආං... ඒ තමා මහාධ්‍යානලාභී සෘද්ධිලාභී මහා මොග්ගල්ලානයන් වහන්සේ. උන්නාන්සේ තමා අපේ භාග්‍යවතුන් වහන්සේගේ වම් පැත්තේ ළඟින් ම වැඩ ඉන්නේ."

"අනේ සා...දු... සා...දු...!"

"සාදු සාදු නොවෙයි... ආං උන්නාන්සේලා වඩිනවා. ආයෙ කවදා වඩීදැයි කවුදැයි දන්නේ? දැන් ම මොක මොකවත් පූජා කොරගනිල්ලා... මා දිහා බලා ඉන්නේ මක්කටෙයි."

එතකොට ගම්මු මහා සතුටකින් ඉපිල ගොහින්

ගෙදර දිව්වා. තමන් ළඟ තිබුනු ගිතෙල්, මී පැණි, සිවුරු ආදිය රැගෙන අපගේ අග්‍රශ්‍රාවකයන් වහන්සේලා පසුපස දිව්වා. කෝකාලිකත් දායකයින්ට එකතු වුනා. කෝකාලික දන්නවා අග්‍රශ්‍රාවකයන් වහන්සේලා පිරිකර නොගන්න බව. ඒවා තමාට දේය කියලයි සිතුවේ.

අර දායකයෝ අපගේ අග්‍රශ්‍රාවකයන් වහන්සේලා ළඟ ආදරයෙන් වැඳ වැටුනා. සතුටින් හඬා වැටුනා.

"අනේ ස්වාමීනී, අපගේ මේ භදන්ත කෝකාලිකයන් නොකියන්ට අපි දැනං හිටියේ නෑ මේ වැඩියේ අපගේ දෑගසව්වන් වහන්සේලා බව. අනේ අපට පින් පිණිස මේ පිරිකර පිළිගන්නා සේක්වා."

"පින්වත, අපට දැන් පිරිකර අරගෙන බෑ. අපි මේ ගමන් බිමන් හැල්ලුවට යන්ට ඕනෑ. ඒ නිසා ඕවා අපට දැන් නැතුවට කාරි නෑ."

"අනේ එහෙනම් ස්වාමීනී, ඊළඟ වතාවේ චාරිකාවේ වඩිනවා නම් අනේ අපේ පළාතටත් වඩින්ට ස්වාමීනී."

"හොඳයි... හොඳයි... අපි ඉතිං අවස්ථාවක් ලැබුනොත් බලමුකෝ" කියලා දායකයන්ව සතුටු කෙරෙව්වා. කෝකාලික භික්ෂුව අර පිරිකර තමන් වෙතට පුදන්ට කියාවි කියලා හිතුවා. නමුත් අග්‍රශ්‍රාවකයන් වහන්සේලා සිතුවේ මේ දායක පිරිස් හොඳින් දන් පැන් දෙන නිසා කෝකාලිකට ඒවා අවශ්‍ය වෙන එකක් නැත කියලයි. ඒ නිසා කෝකාලිකට දෙන්ට කියා කීවෙත් නෑ. මිනිස්සු කෝකාලිකට දුන්නෙත් නෑ. ඒ තුළින් තමන්ට මදිපුංචිකමක් උනාය යන අදහසින් කෝකාලික අපගේ අග්‍රශ්‍රාවකයන් වහන්සේලා දෙනම ගැන නිකරුණේ

වෛර බැඳගත්තා. මේ වගක් නොදත් අග්‍රශ්‍රාවකයන් වහන්සේලා දායකයන්ට බණ ටිකක් කියා පිටත්ව වැඩියා.

ආයෙමත් අවස්ථාවක අග්‍රශ්‍රාවකයන් වහන්සේලා දෙනම පන්සියයක් භික්ෂූන් වහන්සේලා සමග චාරිකාවේ වඩින අතරේ කෝකාලික රටටත් වැඩියා. කෝකාලික භික්ෂුව සිටින විහාරයටත් වැඩියා. ටික දවසක් එහි නැවතී සිටියා. දැන් ගම්වාසීන්ට හරිම සතුටුයි. ඔවුන් නොයෙක් අයුරින් සිවුරු පිරිකරවලින් මේ ආගන්තුක සඟ පිරිසට උපස්ථාන කළා. ඒ අවස්ථාවේ අග්‍රශ්‍රාවකයන් වහන්සේලා තමන්ට පූජා කළ සිවුරු පිරිකර පිළිඅරගෙන ඒවා නැති භික්ෂූන්ට බෙදා දුන්නා. කෝකාලිකට දුන්නේ නෑ. මෙය තමන්ට කළ මදිපුංචිකමක් ලෙස සැලකූ කෝකාලික දැගසව්වන් වහන්සේලාට ආක්‍රෝශ පරිභව කරන්ට පටන්ගත්තා.

"හහ්... මහා ලොකු දැගසව්වෝ... කලින් වතාවේ මේ දෙනමට පිරිකර දෙනකොට මහා අල්පේච්ඡ බවක් අඟවා පිළිගත්තේ නෑ. හහ්.... ඒකට මේ වතාවේ කොච්චර දුන්නත් ගන්නවා නොවැ. මේ දෙන්නාගේ පාපී ආශාව පුරවන්ට බෑ. කොච්චර දුන්නත් මදි. මහා ලාමක ආශාවන්ගෙන් යුක්ත දෙනමක් නොවැ" කියා බණින්ට පටන් ගත්තා.

එතකොට අපගේ අග්‍රශ්‍රාවකයන් වහන්සේලා "මොහු සෑහෙන්ට පව් රැස්කර ගන්නවා" කියලා සඟ පිරිසත් කැටුව ඉක්මනින් පිටත් වුනා. මිනිස්සු නොයෙක් වර ඉල්ලා සිටියා තව ටික දොහක් වැඩ ඉන්ට. එයටවත් කැමති වුනේ නෑ. සඟපිරිස පිටත්ව යද්දී එතැන සිටි අලුත පැවිදි වූ භික්ෂුවක් දායකයින්ට කාරණය සැලකළා.

"පින්වත්නි, ඔයාලාගේ විහාරයේ ඉන්න කෝකාලික භික්ෂුව අපගේ අග්‍රශ්‍රාවකයන් වහන්සේලාට හරියට නින්දා කරනවා. අපි ඉන්නවාට කැමති නෑ වගේ. ඒකයි අපි යන්නේ" කියලා.

සඟ පිරිස පිටත්ව ගියාට පස්සේ දායකයෝ රැස් වුනා. "ස්වාමීනී, ඔබවහන්සේ අපගේ තෙරුන්නාන්සේලා වැඩ ඉන්නවාට අසතුටු වුනා නොවැ. ඒක වරදක්. ඔබවහන්සේ ගොහින් උන්වහන්සේලා සමා කරගෙන ආපසු එක්කරගෙන වඩින්ට. නැත්නම් ඔබවහන්සේ වෙන තැනකට වඩින්ට."

එතකොට කෝකාලික භය වුනා. ඉක්මනින් ගිහින් ආපසු වඩිමු කියා අග්‍රශ්‍රාවකයන් වහන්සේලාගෙන් ඉල්ලා සිටියා. උන්වහන්සේලා කැමැති වුනේ නෑ. එතකොට කෝකාලික ආපසු තමන් සිටි විහාරයට ආවා. මිනිස්සු මේ භික්ෂුව ඉන්නවාට කැමති වුනේ නෑ. එතකොට කෝකාලික තව තවත් වෛර බැඳගත්තේ අපගේ අග්‍රශ්‍රාවකයන් වහන්සේලා ගැන ම යි. වෛර සිතින් ම භාග්‍යවතුන් වහන්සේ ළඟට ගිහින් අග්‍රශ්‍රාවකයන් වහන්සේලා දෙනමට නින්දා අපහාස කරන්ට පටන් ගත්තා. එතකොට භාග්‍යවතුන් වහන්සේ කෝකාලිකට අවවාද කොට වදාළා.

"කෝකාලික, තමාගේ කට පරිස්සම් කරගන්ට. ඔය කතා කියන්ට එපා. සාරිපුත්ත මොග්ගල්ලානයන් ඉතාම ගුණසම්පන්නයි. ඉතා සුපේශලයි. ඉක්මනින් ඔය වෛරය අත්හැර සිත පහදා ගන්ට" කියා කියද්දිත් දොස් ම කීවා. කියලා ගිහින් එතැනින් පිටත් ව ගියා විතරයි. කෝකාලිකගේ ඇඟ පුරා අබ ඇට තරමේ කුඩා බිබිලි

හටගත්තා. ඒවා කසන්ට පටන් ගත්තා. ක්‍රමයෙන් ඒ ගෙඩි ලොකු වුනා. අන්තිමට බෙලි ගෙඩි විතර ලොකු වෙලා සැරව පිරී ගියා. ඒ ගෙඩි පුපුරා ලේ සැරව ගලන්ට පටන් ගත්තා.

කෝකාලික ජේතවන දොරටු ගබඩාවේ වේදනාවෙන් ඇද වැටී සිටියා. කෝකාලික අග්‍රශ්‍රාවකයන් වහන්සේලාට නින්දා අපහාස කළ බවට වූ රාවය බ්‍රහ්ම ලෝකය දක්වා මහා කෝලාහලයක් සේ පැතිර ගියා. ඔය කාලේ කෝකාලිකගේ උපාධ්‍යාය වූ තෙරනමක් බ්‍රහ්මලෝකයේ ඉපිද තුදු බ්‍රහ්මරාජයා නමින් ප්‍රසිද්ධව සිටියා. ඔහුට කෝකාලික ගැන මහත් අනුකම්පාවක් හටගත්තා. කෝකාලික ඉදිරියට ඇවිත් අහසේ පෙනී සිටියා.

"කෝකාලික... ඔබ මහා බරපතල අකුසලයක් කරගත්තේ. ඉක්මනින් අග්‍රශ්‍රාවකයන් වහන්සේලා දෙනම ගැන තියෙන ඔය නපුරු අදහස් අත්හැර සිත පහදවාගෙන සමාව ගන්ට. එතකොට ඉක්මනින් සුවපත් වේවි."

"ඇවත... කව්ද තොප?"

"මං තුදු නමැති බ්‍රහ්මරාජයා."

"හහ්... එම්බල ඇවත... භාග්‍යවතුන් වහන්සේ වදාළේ තුදු බ්‍රහ්මයා අනාගාමීව නැවත මෙලොවට නොඑන ස්වභාවයෙන් සුද්ධාවාසයේ ඉපිද සිටිනා බවයි. තෝ කවුද? මේ... කසල ගොඩක සිටින යකෙක් එනවා මට උගන්නන්ට... හහ්!"

"අහෝ... අවාසනාවන්ත තැනැත්ත. අපට කරන්ට දෙයක් නෑ. ඔබේ වචනයෙන් ම යි ඔබ කවුරුදැයි කවුරුත් දැනගන්නේ" කියා බ්‍රහ්මරාජයා නොපෙනී ගියා.

කෝකාලික මරණයට පත් වුනා. භයානක වූ ඝෝර කටුක දුක් ඇති පදුම නිරයේ උපන්නා.

දම්සභා මණ්ඩපයට රැස්වූ භික්ෂූන් වහන්සේලා කෝකාලික තමන්ගේ කට නිසා කරගත් විපත ගැන කතා කරමින් සිටියා. ඒ අවස්ථාවේ අපගේ භාග්‍යවතුන් වහන්සේ එතැනට වැඩම කොට වදාළා. භික්ෂූන් වහන්සේලා තමන් කතා කරමින් සිටි කරුණ භාග්‍යවතුන් වහන්සේට සැලකළා. භාග්‍යවතුන් වහන්සේ මෙය වදාළා.

"මහණෙනි, කෝකාලික තමන්ගේ කට නිසා වැනසුනේ මේ ආත්මේ විතරක් නොවේ. මීට කලින් ආත්මෙකත් වැනසුනේ කට නිසා ම යි" කියා මේ අතීත කතාව ගෙනහැර දක්වා වදාළා.

"මහණෙනි, ගොඩාක් ඉස්සර කාලෙක බරණැස්පුරේ බ්‍රහ්මදත්ත නම් රජ්ජුරු කෙනෙක් රාජ්‍ය විචාරමින් සිටියා. ඔය කාලේ මහාබෝධිසත්වයෝ ඒ රජ්ජුරුවන්ගේ ඇමතියෙක් වශයෙන් වාසය කළා. ඒ බරණැස් රජතුමා අවශ්‍ය අනවශ්‍ය හැමදේම කියවන බොහෝකොට කතා කරන කෙනෙක්. කාටත් ඒක මහා වධයක් වෙලා තිබුනේ. බෝධිසත්වයොත් රජ්ජුරුවන්ව මේ බොහෝකොට කතා කිරීමේ දෝෂයෙන් බේරගන්නේ කොහොම දැයි කල්පනා කරමින් සිටියේ.

දවසක් රජ්ජුරුවෝ මගුල් උයනට ගොහින් මගුල් ගල් තලාවේ වාඩිවෙලා සිටියා. එතැනට උඩින් අඹ ගසක් තිබුනා. ඔය අඹ ගසේ කපුටුකූඩුවක් තිබුනා. එක්තරා කෙවිලියක් ඒ කපුටු කූඩුවේ තමන්ගේ බිත්තරයක් දමා ගොහින් තිබුනා. කපුටි සිතුවේ තමන් දැමූ බිත්තරයක් කියලයි. කපුටි ඒ බිත්තරය රැක්කා. ටික දවසකින්

කොවුල් පැටියෙක් උපන්නා. කපුටිත් කපුටු පැටියෙක් කියා සිතා ආදරයෙන් කවන්ට පොවන්ට පටන්ගත්තා. තවම කොවුල් පැටියාට තටු ඇවිල්ලාවත් නෑ. තාම හඬලන්ට සුදුසු කාලයත් නොවේ. නමුත් කොවුල් පැටියා කොවුල් නද දෙන්ට පටන් ගත්තා. එතකොට කපුටිට හොඳට කේන්ති ගියා. "නිදකිං මේකා... මං මෙතෙක් දවස් සිතා සිටියේ මයෙ දරුවෙක් කියලයි. බැලින්නම් මේකා වෙන එකෙක් නොවැ. මේකා ලේස්තිය මාව මුළා කරලා මගෙන් යැපෙන්ට ද? දෙන්නම් මං" කියා තුඩින් කොටා මරා දමා කපුටු කූඩුවෙන් බැහැර කළා. එතකොට රජ්ජුරුවන් පාමුලට යි මැරුණු කොවුල් පැටියා වැටුනේ.

"අනේ... මිත්‍රය... මේං... මෙතන මයෙ ළඟට මැරුණු කුරුළු පැටියෙක් වැටුනා. මොකෙක්ද මූ?" කියා බෝධිසත්වයන්ගෙන් ඇසුවා. බෝධිසත්වයෝ මෙහෙම කිව්වා.

"මහරජ්ජුරුවන් වහන්ස, මේ කොවුල් පැටියෙක්. අර අතන තියෙන කපුටු කූඩුවේ මේකා සිටියේ. මේ බලන්ට... තවමත් අත්තටු හැදිලා නෑ. සාමාන්‍යයෙන් කොවුල් පැටියෙක් අත්තටු හැදී ඉගිල යන්ට ඇහැක් වෙනකල් නාද කරන්නේ නෑ. එතකං කපුටිගෙන් යැපෙන්ට හොඳට ම කල් තියෙනවා. නමුත් මේ කොවුල් පැටියා අවස්ථාව හඳුනාගත්තේ නෑ. තමන්ගේ තැන හඳුනාගත්තේ නෑ. අති මුඛර විදිහට කෑ ගසන්ට පටන්ගත්තා. කට පරිස්සම් නොකර ගැනීම ම යි මේ. බොහෝකොට දෙඩීමේ වරද ම යි මේ. කපුටිට ඉවසුම් නැතිව ගොහින් කොටලා මරලා කූඩුවෙන් ඇදලා දැම්මා.

ඒ නිසා මහරජ්ජුරුවෙනි, මිනිස්සු වුනත් තිරිසන්

සත්තු වුනත් ඕනෑවට වැඩියෙන් කෑ ගසන්ට හොඳ නෑ. මේ තියෙන්නේ ඇස්පනාපිට ම ඒ වරදේ දුක්ඛිත විපාකය තමයි" කියා මේ ගාථාවන් පැවසුවා.

(1)

කතා කරන්නට කාලය තවම ඇවිත් නෑ තමන්ට
නමුත් එයා ඕනෑවට වඩා දොඩනවා නම්
කොවුල් පුතා කපුටියගෙන් පහර වැදී මැරී වැටුනු සේ
නිකරුණේ ම මහත් විපතකට පත්වන්නේ

(2)

ඉතා හොඳින් මුවහත් කළ ආයුධයට වඩා ඉක්මනින්
භයානක විෂක් කැවුනාටත් වඩා ඉක්මනින්
නපුරු වචන කියන කෙනා විනාශයට පත් වෙන්නේ

(3)

එනිසා ලොව නැණවතා -
තම වචනය නිසි ලෙස රකිමින්
අකාලයත් සුදුසු කලත් දැනගෙනමයි කතා කරන්නේ
තමා හා සමාන වූ කෙනෙකු සමග වුවත්
වැඩිය කතා නොකිරීමයි කළ යුතු වන්නේ

(4)

විමසන නුවණැති කෙනා -
පමණින් දොඩනා කෙනා
කතා කරන වෙලාවෙදිත් -
පමණට ම යි කතා කරන්නේ
එබඳු කෙනා නාගයන්ව ඩැහැගන්නා ගුරුළෙකු විලසේ
තමන්ට සතුරු අයත් සිය වසඟෙට ගන්නේ

බෝධිසත්වයෝ ඔය විදිහට රජ්ජුරුවන්ට මේ

ගාථාවන්ගෙන් අවවාද කළා. එදා පටන් රජ්ජුරුවොත් පමණ දැන කතා කරන කෙනෙක් බවට පත් වුනා.

මහණෙනි, එදා නුසුදුසු අවස්ථාවේ කෑ ගසන්ට ගොහින් මැරුම් කෑ කොවුල් පැටියාව සිටියේ කෝකාලික යි. රජ්ජුරුවන්ට අවවාද කළ නුවණැති අමාත්‍යයාව සිටියේ මම" යි කියා භාග්‍යවතුන් වහන්සේ මේ ජාතකය නිමවා වදාළා.

02. රථලට්ඨි ජාතකය

රථයේ කෙවිටි දණ්ඩෙන් අනුන්ට ගැසූ බමුණාගේ කතාව

පින්වතුනේ, පින්වත් දරුවනේ,

සමහර උදවිය මහා උඩඟුකමින් යුක්තයි. එසේ උඩඟුව සිට අනුන්ට පහර දෙන්ට ගොසින් ඒ පහර තමන්ට වදිනවා. එතකොට ඒ උඩඟු පුද්ගලයා අසවලා මට පහර දුන්නා ය කියා නිකරුණේ අනුන්ට ම දෝෂාරෝපණය කරනවා. මෙය එබඳු කතාවක්.

ඒ දිනවල අපගේ භාග්‍යවතුන් වහන්සේ වැඩ වාසය කොට වදාළේ සැවැත් නුවර ජේතවනයේ. ඔය කාලේ කොසොල් රජ්ජුරුවන්ට සේවය කරන එක්තරා උඩඟු පුරෝහිතයෙක් හිටියා.

ඔහු දවසක් තමන්ගේ නින්දගම බලන්ට රථයේ නැග ගියා. තමන් යන පාරේ පටු ප්‍රදේශයකදී ඉදිරියට එන ගැල් රථපෙළක් මුණ ගැසුණා. ඒ නිසා පාරේ ඉඩ මදි වුනා. එතකොට පුරෝහිත බමුණා ඔවුන්ට කෑ ගැසුවා. "හා... හා... පාරෙන් තොපේ කරත්ත අයින් කර ගනියව්... හ්ම්... මට යන්ට ඉක්මනින් ඉඩ හදාපන්! හා... අයින් කරපන්... ඔව්... හනික... අයින් කරගනින් මිනිහෝ!

පුරෝහිත බමුණාට යන්ට හදිස්සි වූ තරම් ඉක්මනින් ගැල් කරත්ත අයින් කරගන්ට බැරි වුනා. මේකට පුරෝහිතයාට ගොඩාක් කේන්ති ගියා. එතකොට පුරෝහිතයා තමන් සතුන්ට තලන රථ කෙවිටෙන් ඉස්සරහින් එන කරත්තේ වියගසේ වාඩි වී උන් මිනිසාට වේගයෙන් පහරක් දුන්නා. එය මිනිසාට වැදුනේ නෑ. වියගසේ වැදී ආපසු හැරී පුරෝහිත බමුණාගේ නළලට පටාස් කියා වැදුනා. ඒ මොහොතේ ම නළල ගෙඩි ගැහුනා.

"හා... තෝ මට පහර දුන්නා නේද? හිටු තොට මං රාජ දඬුවම් පමුණුවන්ට. මෙහෙ වර තෝ..." කියා අර මිනිසා පිට වැරැද්ද පටවා රජ්ජුරුවන් ළඟට ගිහින් පැමිණිලි කළා. රජ්ජුරුවෝ ඒ මිනිසාගෙන් වැරදිකරු ද නිවැරදිකරු ද කියා ඇසුවා.

එතකොට ඒ මිනිහා පාරේ පටු ප්‍රදේශයේදී සිදුවූ සියලු විස්තරය කිව්වා. පුරෝහිත බමුණා පිට ම වරද පැටවුනා. අර මිනිහා නිදහස් වුනා. මේ කතාව සැවැත් නුවර පුරා පැතිර ගියා.

එදා දම්සභා මණ්ඩපයේ රැස්වූ භික්ෂූන් වහන්සේලා මේ ගැන කතා කරමින් සිටියා. ඒ අවස්ථාවේ භාග්‍යවතුන් වහන්සේ එතැනට වැඩම කොට වදාළා. භික්ෂූන් වහන්සේලා තමන් කතා කරමින් සිටි කරුණ භාග්‍යවතුන් වහන්සේට සැළකළා. භාග්‍යවතුන් වහන්සේ මෙය වදාළා.

"මහණෙනි, ඔය පුරෝහිත බ්‍රාහ්මණයා අනුන්ට පහර දී ඒ පහර තමන් කරා ආ විට අනුන්ට ම වරද පැටවූයේ මේ ආත්මයේ විතරක් නොවේ. මීට කලින් ආත්මෙකත් ඕක ම යි කළේ" කියා මේ අතීත කතාව ගෙනහැර දක්වා වදාළා.

"මහණෙනි, ගොඩාක් ඉස්සර කාලෙක බරණැස්පුරේ බ්‍රහ්මදත්ත නම් රජ්ජුරු කෙනෙක් රාජ්‍ය කරමින් සිටියා. ඔය කාලේ මහාබෝධිසත්වයෝ ආරවුල් පිළිබඳ සාධාරණය විනිච්ඡය කරන අමාත්‍යවරයා වශයෙන් වැඩ කළා.

දවසක් රජ්ජුරුවන්ගේ පුරෝහිත බ්‍රාහ්මණයා රථයේ නැගී තමන්ගේ නින්දගම බලන්ට පිටත්ව ගියා. අතරමගදී කලින් වගේ ම පටු මාවත් ප්‍රදේශයකට පැමිණියා. ඉදිරියෙන් ගැල් කරත්ත එනවා. "අයින් කරපියව්" කියා මේ පුරෝහිතයා අර ගැල්කරත්තයට කෑ ගැසුවා. ඔහු කියන වේගයෙන් කරත්ත අයින් කරගන්ට පුළුවන් වුනේ නෑ. එතකොට මොහු තමන්ගේ රථකෙවිටෙන් ඉදිරියේ ගැල් කරත්තේ වියගසේ වාඩි වී උන් මිනිසාට වේගයෙන් පහරක් දුන්නා. නමුත් ඒ පහර වියගසේ වැදී ආපසු කැරකී ඇවිත් තමන්ගේ ම නළලට වේගයෙන් වැදුනා. ඒ මොහොතේ ම නළල ගෙඩි ගැහුනා. "අයි... අයියෝ... තෝ මට පහර දුන්නා නේද? හිටූ තොට මං අච්චු දෙන්ට" කියා පුරෝහිතයා ගිහින් රජ්ජුරුවන්ට පැමිණිලි කළා. එතකොට රජ්ජුරුවෝ නිවැරදි ගැල්කරුවාගෙන් කරුණු කාරණා නිසි ලෙස විමසන්නේ නැතිව ඒකපාක්ෂිකව තීරණය දුන්නා. "එම්බල මිනිස, තෝ කළ වැඩේ යසයි නේද? මයෙ පුරෝහිතයාට කෙවිටෙන් තලා නළල ගෙඩි ගැස්සුවා එහෙනම් ඈ? මේකාගේ සියලු ගැල්බඩු රාජසන්තකයි" කියලා නියෝග දුන්නා.

එතකොට බෝධිසත්ව අමාත්‍යයා මෙහෙම කිව්වා. "මහරජ, මේ නඩුව විභාග කිරීමේදී ඒකපාක්ෂික වූ බවක් අපට පෙනී ගියා. මේ විත්තිකාරයාගෙන් ප්‍රශ්න කළේ නෑ. කරුණු විමසුවේ නෑ. පැමිණිල්ලට පක්ෂ වුනා. මොහුගේ සියලු බඩු රාජසන්තක වෙන්ට නියම වුනා. මෙතැන

වෙලා තියෙන්නේ තමන් ම තමන්ට පහරදීගැනීමක්. හැබැයි කියන්නේ නම් වෙනත් කෙනෙක් පහර දුන්නා ය කියලයි. මේ නිසා මේක නැවත විනිශ්චය කළොත් හොඳා. එහෙම නැතිව හුදෙක් පැමිණිල්ලේ බර විත්තියට පැටවීම යුක්තිය නම් නොවේ. මීට වඩා කරුණු විමසා බලා කටයුතු කිරීමයි රජතුමනි අපට අවශ්‍ය වන්නේ" කියා බෝධිසත්වයෝ මේ ගාථාවන් පැවසුවා.

(1)

තමන් ම යි තමන් හට - පහර දී තියෙන්නේ
තමන් පරදවා අනුන්ව - ඔවුන් තමාව පැරදුවා කියයි
පැමිණිලිකරු කියනා මෙය - බර හැරලා ගන්ට වේවි
රජුනේ මොහු මෙය කියූ පමණින්
- එක්වර එය අදහා නොගන්නේ

(2)

නුවණින් විමසා බලන තැනැත්තා
- අනිකාගේ බසත් ඇසිය යුතුයි
දෙන්නගේ ම බස් අසා සොඳින්
- මැදහත් ලෙස දිය යුතුය තීන්දුව

(3)

කම්සැප විඳිනා ගිහියා කම්මැලියෙක් නම්
- ඔහු හොඳ ගිහියෙකුත් නොවේ
ඉඳුරන් සංවර නොමැති පැවිද්දා
- හොඳ පැවිද්දෙකුත් නොවේ
විමසා නොබලා වැඩ කරනා රජු
- හොඳ රජ කෙනෙකුත් නොවේ
යම් නුවණැතියෙක් ක්‍රෝධ බඳියි නම්
- ඔහු හොඳ නුවණැතියෙකුත් නොවේ

(4)

දිසාවන්ට අධිපති රජතුමනි
- ක්ෂත්‍රියයා කටයුතු කළ යුත්තේ
නුවණින් විමසා බලා ය නිසි ලෙස
- නොවිමසා වැඩ නොකරයි
මැදහත් මනසින් විමසා බලමින්
- රටවැසියා පාලනය කරයි
එලෙසින් කටයුතු කරනා රජුගේ
- යස පිරිවර කීර්තියත් නැගෙයි

බෝසත් අමාත්‍යයාගේ මේ අවවාද සිතට ගත් රජතුමා පැමිණිල්ලත් විත්තියත් මැදහත් ලෙස විභාග කළා. එතකොට සම්පූර්ණ වරද ආවේ පැමිණිලිකරුවා වන පුරෝහිතට යි. විත්තිය නිවැරදි කොට නිදහස් කළා.

මහණෙනි, එදාත් තමන්ට පහර දීගෙන අනුන්ට වරද පැටවූ පුරෝහිත බමුණාව සිටියේ මේ පුරෝහිතයා ම යි. සාධාරණ විනිශ්චයට රජතුමාව පෙළඹවූ නුවණැති ඇමතියාව සිටියේ මම" යි කියා භාග්‍යවතුන් වහන්සේ මේ ජාතකය නිමවා වදාළා.

03. පක්කගෝධ ජාතකය
පිසින ලද තලගොයාගේ කතාව

පින්වතුනේ, පින්වත් දරුවනේ,

ඒ දිනවල අපගේ භාග්‍යවතුන් වහන්සේ වැඩ වාසය කොට වදාළේ සැවැත් නුවර ජේතවනයේ. ඔය කාලයේ සැවැත් නුවර වාසය කළ මනුස්සයෙක් පිට පළාතක කෙනෙකුට ණයක් දීලා තිබුනා. දුන් ණය ගෙනත් දෙන්ට කීවාට ගෙනාවේ නෑ. දවසක් මේ මිනිසා තම බිරිඳත් එක්ක ණය ගත් මිනිසාගේ ගෙදර ගියා. තමන් දුන් ණය ආපසු අරගෙන එද්දී ගමන් විඩාවෙන් යුක්තව ආවේ. මෙයාලත් එක්ක අතරමගදී වැද්දෙක් හිතවත් වුනා. "හා... එහෙනම් දෙන්නාම යමින් ගමන මේක කාලා ගමන් විඩාව නිවා ගනිල්ලා" කියලා ගිනි අඟුරුපල්ලේ දමාලා පුළුස්සාපු තලගොයෙක්ව කෙසෙල් කොළේක ඔතා දුන්නා.

එතකොට දැන් දෙන්නාට ම හොඳටෝම බඩගිනියි. "අනේ හාමිනේ මං මෙහෙම මේ ගහ යට විවේකයෙන් ඉන්නම්. ඔයා ගොහින් කොහෙන් හරි බොන්ට වතුර ටිකක් හොයාන එන්ට. ඊට පස්සේ දෙන්නාට ම ගොයි මස කන්ට බැරියැ."

ඉතින් ඈ වතුර හොයාගෙන ගිහින් එද්දී අර මිනිහා

ගහ යටට වෙලා වාඩිවී හිටියා. ගොයා ඔතාපු කොළේ පැත්තක දිග ඇරිලා තිබුනා. ගොයිමස් පේන්ට තිබුනේ නෑ.

බිරිඳ ගෙනා වතුර බොන ගමන් මිනිහා මෙහෙම කිව්වා. "බලන්ට හාමිනේ වෙච්චි දේ! ඔයා වතුර ගේන කල් මං ටිකාක් හාන්සි වුනා. දෑස් පියවුනා විතරයි. ඒ ටිකට තලගොයා පැනලා ගිහින් නොවැ."

"හ්ම්... එහෙනම් මොනා කරන්ට ද! කමක් නෑ ස්වාමි... අඟුරුපල්ලෙ දමාලා පුළුස්සපු තලගොයිත් පැනලා ගියා නම්... එහෙනම් යමු" කියලා ගමන පිටත් වුනා. බිරිඳට තමන්ගේ සැමියා තමාට ආදරේ නැතිකම ගැන මහා දුකක් හටගත්තා. 'මාත් බඩගින්නේ බව හොඳටෝම දැනගෙනත් තනියම ගොයිමස් කාලා ගොයා පැනලා ගියා කියලත් කිව්වා නොවැ. මං විතරයි මෙයාට සෙනෙහෙවන්ත. මෙයාට මං ගැන ගානක්වත් නෑ' කියා කල්පනා කර කර ගියා.

එදා භාග්‍යවතුන් වහන්සේ හිමිදිරි පාන්දර මහා කරුණා සමාපත්තියට සමවැදී බලද්දී ධර්මාවබෝධයට වාසනාව ඇති මේ දෙන්නාවයි දැකගන්ට ලැබුනේ. මේ දෙන්නා එමින් ගමන ජේතවනයට එන බව දැනගත් භාග්‍යවතුන් වහන්සේ එළිමහනේ වැඩ සිටියා.

ඒ දෙන්නාත් සැවැත්නුවර ඇවිත් ගෙදර යන ගමන් වතුර ටිකක් බොන්ට ඕනෑ කියා ජේතවනයට ගොඩඋනා. ජේතවනයෙන් වතුර බීලා වටපිට බලද්දී භාග්‍යවතුන් වහන්සේ වැඩ ඉන්නවා දැකලා දෙන්නාම ගොහින් භාග්‍යවතුන් වහන්සේට වන්දනා කොට එකත්පස්ව වාඩිවුනා. භාග්‍යවතුන් වහන්සේ ඒ බිරිඳගෙන් මෙසේ අසා වදාළා.

"උපාසිකාවෙනි, මේ තමුන්නේ ස්වාමියා තමන්ට හොඳ සෙනෙහෙවන්තව, හිතවත්ව, උපකාරීව ඉන්නවා නේද?"

"අනේ ස්වාමීනී... මේ උන්දෑ ගැන නම් කතා කරලා වැඩක් නෑ. මං විතරයි මෙයාට සෙනෙහෙවන්තව, හිතවත්ව, උපකාරීව ඉන්නේ. මෙයාට මං කෑවත් එකයි, නැතත් එකයි. උන්නත් එකයි, නැතත් එකයි. ඒකේ වගක් නෑ. මෙයා එහෙම මට සෙනෙහේ ඇති කෙනෙක් නං නොවෙයි!"

"උපාසිකාව දැන් ඒ ගැන වැඩිය සිතන්ට ඕනෑ නෑ. මෙයා එහෙමමත් නරක කෙනෙක් නොවෙයි. යම් විටක ඔබගේ යහපත් ගතිගුණ ගැන තේරුම් ගියොත් එදාට ඔබට තමයි ගෙදර තියෙන සියලු සැපසම්පත් දෙන්නේ. ඇයි ඉතින් කලින් ආත්මෙකත් එහෙම වුනා නොවැ."

"අනේ ස්වාමීනී... කලින් ආත්මයක අපි දෙන්නාගේ ජීවිතේ ගැන කියැවෙන සිදුවීම කියාදෙන්ට" කියා දෙන්නාම භාග්‍යවතුන් වහන්සේගෙන් ඉල්ලා සිටියා. භාග්‍යවතුන් වහන්සේ මේ අතීත කතාව ගෙනහැර දක්වා වදාළා.

"ඒක මෙහෙමයි වුනේ... ගොඩාක් ඉස්සර කාලෙක බරණැස් නුවර බ්‍රහ්මදත්ත නම් රජ්ජුරු කෙනෙක් රාජ්‍ය කරමින් සිටියා. ඔය කාලේ මහාබෝධිසත්වයෝ ඒ රජ්ජුරුවන්ගේ අර්ථ ධර්ම අනුශාසක පදවිය දැරූ අමාත්‍ය වෙලා සිටියා. ඔය රජ්ජුරුවන්ට යුවරාජ පදවිය දැරූ පුත්‍රයෙක් හිටියා. ඒ පුත්‍රයා රාජ්‍ය පැහැර ගනී ය කියලා භයක් රජ්ජුරුවන්ට ඇතිවෙලා ඒ රාජපුත්‍රයාව රාජ්‍ය සීමාවෙන් ඈතට ගොහින් ජීවත්වෙන්ට කියා

නෙරපා හැරියා. ඉතින් මේ කුමාරයා තමන්ගේ බිරිඳත් එක්ක නගරයෙන් නික්මිලා ඈත පළාතකට ගිහින් දුකසේ ජීවත් වුනා. කලකට පස්සේ පිය රජු කලුරිය කළ බව දැනගන්ට ලැබුනා. තමන් සන්තක රාජ්‍යය ලබාගන්ට ඕනෑය යන අදහසින් බරණැස බලා දෙන්නා පිටත් වුනා... මේ දෙන්නා ගොඩාක් ගමන් වෙහෙසට පත් වුනා. අතරමග නැවතී සිටිය තැනකදී වැද්දෙකුට මේ දෙන්නා දැකලා අනුකම්පා හිතුනා.

"හා... මේං... මේක ගනිං... මේ තියෙන්නේ ගිනි අඟුරු පල්ලෙ දමාලා පුළුස්සාපු තලගොයෙක්. උඹලාට බඩගිනි වූ වෙලාවක කාහං" කියලා දුන්නා. රාජදියණිය ඒ පිළිස්සූ තලගොයා කොළයක ඔතා වැලකින් ගැටගසා අතට ගෙන ආයෙමත් ගමන පිටත් වුනා. මගදී එක්තරා විලක් දැකලා දෙන්නාම මගෙන් බැහැර ඇහැටු ගසක් මුල වාඩිවුණා. රාජපුත්‍රයා සිය බිරිඳට මෙහෙම කිව්වා. "සොඳුරී... අර විලෙන් වතුර ටිකක් ඇන්න එන්ට. එතකොට අපි දෙන්නට මේ ගොයිමස කන්ට බැරියැ."

එතකොට ඈ තමා ඔතාගෙන සිටිය වැල් පොටකින් ගොයි මස අත්තක එල්ලුවා. පැන් ගේන්ට ගියා. ඔය අතරේ රාජපුත්‍රයා අර කොලේ ඔතාපු ගොයිමස අරගෙන කන්ට පටන් ගත්තා. වලිග කොන විතරක් අතේ තියාගෙන අහක බලාගෙන වාඩිවෙලා සිටියා.

රාජ දියණිය පැන් අරගෙන ආවා. ඇවිත් මේ මක්වුනාද කියා බලාගෙන සිටියා. "බලන්ට සොඳුරී... මේ තක්කඩි තලගොයා අර අත්තෙන් බැහැලා තුඹසට දුවන්ට පටන් ගත්තා. මාත් පස්සෙන් පන්නාගෙන ගොහින් වලිගෙන් අල්ලාගත්තා. ඒකා වළිගෙත් කඩාගෙන තුඹසට

රිංගුවා නොවැ."

"කමක් නෑ දේවයෙනි... මොනා කරන්ට ද! ගිනි අඟුරුපල්ලේ දමා හොඳට පුළුස්සාපු තලගොයාත් පැනලා ගියා නං... ඉතිං... ආයෙ මක්කොරන්ට ද! එහෙනම් අපි යමු..." ඊට පස්සේ දෙන්නාම වතුර බීලා බරණැසට පිටත් වුනා. රාජපුත්‍රයාට රජකම ලැබුනා. බිරිඳ අග්‍රමහේෂිකාව බවට අභිෂේක කළා. නමුත් ඇයට වෙනත් සත්කාර සම්මාන කිසිවක් ලැබුනේ නෑ.

එතකොට බෝධිසත්වයන්ට තේරුණා අගමෙහෙසිය මහත් සිත් තැවුලකින් වාසය කරන වග. දවසක් රජ්ජුරුවෝ ළඟ අගමෙහෙසිය ඉන්න වෙලාවේ බෝධිසත්වයෝ අගමෙහෙසියට උපකාර කරන අදහසින් මෙහෙම කිව්වා.

"ආර්යාවෙනි, ඔබතුමිය අභිෂේක ලැබුවාට පස්සේ මං නං සිතුවේ අපටත් තෑගිබෝග කිසිවක් ලැබේ ය කියල යි. නමුත් අපට මොකවත් ලැබුනේ නෑ නොවැ. ඇයි ආර්යාවෙනි, අප දෙස බලන්නේ නැති ද?"

"අනේ පියාණෙනි, මට අභිෂේක ලැබුනාට අපගේ රජ්ජුරුවන්ගෙන් වෙන මොකොවත් ලැබුනේ නෑ. රජ්ජුරුවෝ මට කිසිවක් නොදෙනකොට මං ඔබට කොහොමෙයි දෙන්නෙ. මං විතරයි අපගේ රජ්ජුරුවන්ට සෙනෙහේ. අපි ඈත පිටිසර පළාතක දුකසේ ජීවත් වෙලා බරණැසට එමින් ගමනේ එදා අපි ගොඩාක් බඩගින්නේ ආවේ. එතකොට අපට වැද්දෙක් අඟුරුපල්ලේ දමා පුළුස්සාපු තලගොයෙක් දුන්නා මගදී කන්ට කියලා. මාව පැන් ගෙනෙන්ට යවලා මෙතුමා ඒක තනියම කෑවා නොවැ."

"හැ... අපගේ දේවයන් වහන්සේ එහෙම දෙයක් කවදාවත් කරන්නේ නෑ ආර්යාවෙනි. අනේ එහෙම නං කියන්ටෙපා."

"පියාණෙනි, ඔබ දන්නෙ නෑ නෙව රජ්ජුරුවෝ කව්දැයි කියලා. රජ්ජුරුවන්ගේ ගතිගුණ දන්නේ මං නොවැ" කියා රාජදේවී මේ පළමු ගාථාව පැවසුවා.

(1). **එදා ඔබ ඉන කඩු දරා**
- වල් කලා හැඳ වනේ සිට එන විට
පිළිස්සූ ගොයා එල්ලා අත්තක
- පැන් ගෙනෙන්නට මං ගියා
තනිව අනුභව කොට ගොයා
- කිව්වෙ මට උඟ පලා ගියා කියා
රජතුමනි වන මැද මං එදා
- හඳුනගත්තා ඔබ කවුදැයි කියා

එය ඇසූ බෝධිසත්වයෝ මෙහෙම කිව්වා. "අපගේ ආර්යාවෙනි, පිය රජ්ජුරුවන්ට යුවරජුව එපා වෙලා පිටත් කළ දවසේදී කිසිම වෙනසක් නොදක්වා සෙනේහයෙන් ඔබ ඉන්නවා නොවැ. දෙන්නාම ඇත දුෂ්කර කාලයක් ගෙවා ඇවිත් දැන් ඇයි ඔබ මෙහෙම දුක් විඳිමින් මෙහි වසන්නේ?" කියා මේ ගාථාවත් පැවසුවා.

(2)

යමෙක් තමාට මුදු සිතින් නැමෙයි නම්
- තමාත් පෙරළා නැමිය යුතුයි
තමාව ඇසුරු කරනා විට හොඳින්
- තමාත් ඇසුරු කළ යුතු සොඳින්
තමාගේ කටයුතු කරන කෙනා හට
- තමාත් පෙරළා උදව් කළ යුතු

තමාට අවැඩක් කරන කෙනා හට
    - තමා හිතවත් වීම පලක් නැත
තමා වෙත නොඑනා කෙනා වෙත
    - තමා කුමට ද යන්නේ?

(3)

යමෙක් තමාව අත්හරී නම්
    - තමා ද ඔහු අත්හැර
      - ඔහුට ආශා නොකළ යුතු
තමාට හිතවත් නැති කෙනා හා
    - ඇසුර පවත්වා පලක් නැත
ගසේ ගෙඩි නැති විට කුරුල්ලා
    - යනවා නොවැ ගෙඩි ඇති ගසක් සොයා
ලෝකය මහා විශාල නොවැ

බෝධිසත්වයන්ගේ මේ කියමන් ඇසූ විට රජ්ජුරුවන්ට තමන් ගත කළ ඉතාම දුෂ්කර කාලය මතක් වුනා. ඒ කාලයේ තමන්ගේ සෙවනැල්ල වගේ තමන්ට කිසි දුකක් නොදී තම බිරිඳ ආදරයෙන් සැලකූ හැටි සිහිපත් වුනා.

"සොඳුරී... මගෙයි වරද... මෙතෙක් කලක් මට ඔයාගේ යහපත් ගතිගුණ තේරුම් ගන්ට බැරිව ගියා. අපගේ මේ පණ්ඩිතයන්ගේ කතාව ඇසුවාට පස්සෙයි මට මේවා දැන් මතක් වෙන්නේ. මගෙන් ඔබට වෙච්චි සෑම වැරැද්දක් ම ඉවසාගෙන මට වෙනසක් නොදක්වා ඔයා දැක්වූ මේ ස්නේහයට මං මේ මුළු රාජ්‍යය ම ඔයාට දෙන්ට වටිනවා" කියා රජ්ජුරුවෝ මේ ගාථාව පැවසුවා.

(4)

ක්ෂත්‍රිය දේවියනි මෙමා කෙළෙහිගුණය දන්නවා
මට කළ හැකි හැම ලෙසින් ම මං ඔබ ගැන බලනවා
මෙතෙක් කලක් සිදු වූ දේ ගැන නොසිතා සිටිය මැනව
මං ඔයාට දෙන්ට තියෙන හැම යස ඉසුරුම දෙනවා
යමෙකුට ඔබ යමක් දෙන්ට කැමති නම්
මං ඒ හැම දෙයමත් ඔයාට දෙනවා

මෙහෙම කියලා රජ්ජුරුවෝ අගමෙහෙසියට සියලුම යස ඉසුරු දුන්නා. 'අනේ මට මොහු නිසයි මැයගේ ගුණ සිහිකරගන්ට ලැබුනේ' කියා බෝසත් පණ්ඩිතයන්ට මහත් යස ඉසුරු දුන්නා."

මෙය වදාළ භාග්‍යවතුන් වහන්සේ ඒ දෙන්නාට චතුරාර්ය සත්‍ය ධර්මය වදාළා. ධර්ම දේශනාව අවසානයේ ඒ ස්වාමියාත් බිරිඳත් දෙන්නාම උතුම් සෝවාන් ඵලයට පත් වුනා. "එදා රජතුමාත්, රජබිසොවත් වෙලා සිටියේ දැන් ඉන්න මේ දෙන්නා ම යි. නුවණැති ඇමතියා ව සිටියේ මම" යි කියා භාග්‍යවතුන් වහන්සේ මෙම ජාතකය නිමවා වදාළා.

04. රාජෝවාද ජාතකය

රජුට අවවාද කළ බෝසත් තවුසාගේ කතාව

පින්වතුනේ, පින්වත් දරුවනේ,

ඒ දිනවල අපගේ භාග්‍යවතුන් වහන්සේ වැඩ වාසය කොට වදාළේ සැවැත්නුවර ජේතවනයේ. එදා කොසොල් රජ්ජුරුවෝ භාග්‍යවතුන් වහන්සේ බැහැ දකින්ට ඇවිත් වන්දනා කොට එකත්පස්ව වාඩි වී "ස්වාමීනී, භාග්‍යවතුන් වහන්ස, රජයක් පවත්වාගෙන යාමේදී රජෙක් කටයුතු කරන්ට ඕනෑ කොහොමද?" කියා විමසා සිටියා.

"මහරජ්ජුරුවෙනි, ඉස්සර කාලේ රජවරු රාජ්‍ය පාලනය කරගෙන යාමේදී නුවණැති සත්පුරුෂයන්ගෙන් උපදෙස් ගත්තා. ඒ උපදෙස් අනුව කටයුතු කිරීම නිසා ජනතාව සුවපත් වුනා. රජෙක් කළ යුත්තේ තමන් යටතේ වාසය කරන ජනතාවට සුවසේ සතුටින් යහපත්ව වාසය කරන්ට කටයුතු සැලැස්වීමයි. රජෙකුගේ ක්‍රියාකලාපය මිනිසුන්ට පමණක් නොවේ මේ සතාහීපාවා, ගහකොළ, ඇළදොළ ගංගා, අව්ව වැස්ස ආදී මේ සෑම දේකටමත් බලපානවා. ඉතින් ඒ රජවරු සත්පුරුෂ උතුමන්ට සවන් දී වැඩ කළ නිසා රටවැසියා සුවපත් වුනා. මරණින් මතු දෙව්ලොව උපන්නා.

එතකොට කොසොල් රජ්ජුරුවෝ ඒ ඉස්සර

රජවරුන් කටයුතු කළ ආකාරය කියා දෙන්ට කියා භාග්‍යවතුන් වහන්සේගෙන් ඉල්ලා සිටියා. භාග්‍යවතුන් වහන්සේ මේ ජාතකය වදාළා.

"රජතුමනි, ගොඩාක් ඉස්සර කාලෙක බරණැස්පුරේ බ්‍රහ්මදත්ත නමින් රජ්ජුරු කෙනෙක් රාජ්‍ය විචාරමින් සිටියා. ඔය කාලේ මහාබෝධිසත්වයෝ බරණැස ම බ්‍රාහ්මණ පවුලක උපන්නා. තිසි වයසේදී ඉගෙනගත යුතු ශිල්ප ශාස්ත්‍ර ඉගෙන අවසන් වෙලා හිමාලයට ගොහින් ඍෂි පැවිද්දෙන් පැවිදි වුනා. භාවනානුයෝගීව වාසය කරමින් ධ්‍යාන අභිඥා සමාපත්ති උපදවාගෙන වනමුල්ගෙඩි ආහාරයට ගනිමින් වනාන්තරේ ම වාසය කළා.

ඔය කාලයේ බරණැස් රජ්ජුරුවෝ තමන්ගේ රාජ්‍යයේ වාසය කරන මිනිසුන්ට සුවසේ වාසය කළ හැකි ආකාරයෙන් ඒ රාජ්‍ය දියුණු කළා. ඔය අතරේ තමන් රාජ්‍ය කරන ආකාරයේ වැරදි අඩුපාඩු මිනිස්සු කතා කරනවා දැයි බලන්ට තමන්ට ම ඕනෑ උනා. ඉතින් මේ රජ්ජුරුවෝ කාටවත් හඳුනාගන්ට බැරි විදිහට වෙස් වලාගත්තා. නගරයේ ඇතුළෙත් නගරෙන් පිටත් ගොහින් සොයා බැලුවා. එහෙම දොස් කියන කවුරුවත් සොයා ගන්ට නෑ. මුළු මහත් ජනපදවලත් බරණැස් රජ්ජුරුවන්ට දොසක් කියන කවුරුත් සිටියේ නෑ. 'මං එහෙනම් හිමාල වනයටත් ගොහින් බලනවා. කවුරුත් මගේ රාජ්‍ය පාලනයේ අඩුපාඩු කතා කරනවා ද' කියා සිතූ රජ්ජුරුවෝ හිමාල වනයට ගොස් ඇවිදින අතරේ බෝධිසත්වයන්ගේ අසපුවටත් ආවා. ඇවිත් බෝධිසත්වයන් සමග සතුටු සාමීචි කතාබහේ යෙදී සිටියා.

ඔය කාලේ බෝධිසත්වයෝ වනාන්තරේ හොඳට ඉදී ගිය නුග ගෙඩි ගෙනැවිත් අනුභව කරලයි ජීවත් වුනේ. ඉතින් බෝධිසත්වයෝ රජ්ජුරුවන්ටත් කතා කළා. "මහා පිනැතිය, මෙහාට එන්ට... මං ඉතිං අනුභව කරන්නේ මේවා තමයි. හැබැයි මේ නුගගෙඩි බොහෝම රසයි. ඒ වගේම ගුණයි. හොඳට ඕජස් තියෙනවා. මේ කාලා බලන්ට. මේවා අනුභව කරලා මේ මිහිරි පැන් බොන්ට."

රජ්ජුරුවෝ නුග ගෙඩියක් අනුභව කළා. සිතා ගන්ට බැරි තරම් මිහිරි රසයකින් යුක්තයි. කිතුල් හකුරු කුඩුවලින් හැදූ දෙයක් වගෙයි. හොඳට ඕජස් ගතිය තිබුනා. රජ්ජුරුවන්ට මේ ගැන හරි පුදුමයි.

"ඇත්තෙන්ම... ස්වාමීනී... මං කවරදාකවත් මේ නුග එල මෙතරම් මිහිරි රසයෙකින් යුක්තයි කියා සිතුවේ නෑ."

"ඇයි මහපිනැතිය... ඔයා දන්නෙ නැද්ද අපේ බරණැස් රජ්ජුරුවෝ මහජනයා තලන්නේ පෙලන්නේ නැතිව, ජනයා සුවපත් කරමින්, සැපවත් කරමින්, ජනයා සතුටු කරවමින් රාජ්‍ය පාලනය කරනවා නොවැ."

"හරි... ස්වාමීනී, රජ්ජුරුවෝ රාජ්‍ය කරන්නේ බරණැස නොවැ. ඉතින් ඒ රජ්ජුරුවන්නේ පාලනයයි මේ නුග ගෙඩි මෙතරම් රසවත් වීමයි අතර කිසිම සම්බන්ධයක් නෑ නේ."

"මහා පිනැතිය, රාජ්‍ය පාලනයයි, මේ පරිසරයයි අතර කිසිම සම්බන්ධතාවයක් නෑ නොවෙයි. මහ පුදුමසහගත සම්බන්ධයක් තියෙන්නේ. පාලකයා දැහැමි වෙන කොට මේ ගහකොළ, ඇළ දොළ විතරක් නොවේ

ආකාසේ වලාකුළු පවා සුවපත් වෙනවා. කලට වැසි වහිනවා. පලතුරු රසවත් වෙනවා. ආහාරපාන රසවත් වෙනවා."

"ඒ කියන්නෙ ස්වාමීනී, එතකොට බැරි වෙලාවත් පාලකයා අධාර්මිකයෙක් වුනොත්, හුදෙක් බලතණ්හාවෙන් යුක්ත කෙනෙක් වුනොත්, තමාගේ පැවැත්ම උදෙසා ඕනෑම ලාමක දෙයක් කරන කෙනෙක් වුනොත් මේවායේ රස නැතිවෙනවා ද?"

"එහෙමයි මහපිනැතිය, පාලකයා අධාර්මික වුනාම මේවායේ විතරක් නොවේ, තෙල්වල, පැණිවල, ලුණුවල රස පවා නැති වෙනවා. ඕජස් නැති වෙනවා. නිකං රොඩු වගේ වෙනවා. ඒ විතරක් නොවේ. මුළු රටම ඕජස් නැති නිසරු කහට ගොඩක් වෙනවා. පාලකයෝ ධාර්මික වුනොත් විතර ම යි මේ පරිසරයේ තියෙන දේවල් රසවත් වෙන්නේ. එතකොට මුළු රට ම ඕජා ගුණයෙන් යුක්ත වෙනවා. පේන්නැද්ද... දැන් ඔබ අනුභව කළ නුගගෙඩිවලින් ම තේරුනානේ."

"ඕ... හෝ... ස්වාමීනී, එහෙනම් රජෙකුගේ පාලන තන්ත්‍රයේ හැටියට තමයි මේ පරිසරය හොඳ හෝ නරක වෙන්නේ. හරි පුදුමයි නොවැ" කියා රජ්ජුරුවෝ තමා කවුදැයි නොදන්වා බෝධිසත්වයන්ට වන්දනා කොට පිටත් වුනා. නමුත් රජ්ජුරුවන්ට මේක මහා ප්‍රශ්නයක් වුනා.

'නෑ... නෑ... එහෙම වෙන්ට බෑ. මං මේ රජ කරන්නේ බරණැස. හරි මං ධාර්මික තමා. මගේ රටවැසියන්ට මං ආදරේ තමයි. ඒත්... ඒ නිසා කොහොමද නුග ගෙඩි රසවත් වුනේ? මං මේක විමසන්ට ඕනෑ. මං සුළු

කලකට මිනිසුන්ගේ බදු වැඩි කරලා, පහසුකම් නැති කරලා, දියුණුවට තියෙන මාර්ග වළක්වා බලන්ට ඕනෑ. එතකොට එහෙනම් නුග ගෙඩි නීරස වෙන්ට එපායැ' කියලා රජ්ජුරුවෝ අධාර්මිකව පාලනය කළා.

ආයෙමත් වෙස් වළාගෙන හිමාලයට ගොහින් බෝධිසත්වයන්ව මුණ ගැසුනා. එදා බෝධිසත්වයෝ රජ්ජුරුවන්ට මෙහෙම කිව්වා. "මහාපිනැතිය, ඔබට මතකද කලින් වතාවේ මෙහෙ ආ වෙලාවේ මං මහා මිහිරි රසැති නුගඵල දුන්නා. අදත් අපට කන්ට තියෙන්නේ ඒවා ම තමයි. එහෙනම් එන්ට. අනුභව කොට බලන්ට."

එතකොට රජ්ජුරුවෝ රත් පැහැයෙන් ඉදීගිය නුගගෙඩියක් කටට ගෙන හැපුවා. ඉතා කටුක තිත්ත රසක් ආවා. රජ්ජුරුවන්ගේ මුහුණ හැකිලී ගියා. කෙළත් සමග ම නුග ගෙඩිය කටින් වීසි කළා. "හාපෝ... ස්වාමීනී... මේවා කොහොමෙයි කන්නේ?"

"මහපිනැතිය, මටත් තේරුනා නොවැරදීම රජ්ජුරුවෝ අධාර්මික වෙලා ඉන්නේ. ආයේ දෙකක් නෑ. දැන් එහෙනම් ඔබට ම වැටහුනානේ. බරණැසට ගිහින් සොයා බලන්ට. මිනිස්සු අසතුටින්, අපහසුවෙන්, දුකසේ ඇති. වැස්ස නැතිව ඇති. තව තැන්වල ගං වතුර ඇති. බෝවෙන ලෙඩ රෝග ඇති. ගස්වල රෝග ඇති. ආහාරවල ඕජස් නැතිව වේලිලා ඇති. කවුරුත් සතුටින් නම් ඉන්ට විදිහක් නෑ" කියා මේ ගාථාවන් පැවසුවා.

(1). ගඟේ ගලන වතුරපාර
 - තරණය කෙරුමට ගව පිරිසේ
මහ ගවයෙක් පෙරටුවට ඇවිත්
 - වක්‍රව නම් පිහිනා යන්නේ

මහ ගවයා වක්‍රව යන හින්දා
- උං පස්සෙන් හැම ගවයෝ වක්‍රව යන්නේ
සියලු දෙනාට ම වරදින්නේ ගමනයි
- එතෙරට යන්නට බැරිවන්නේ

(2)

එලෙසින් මිනිසුන් අතරේ සිටින යමෙක්
- සැමගේ නායකයා ලෙස සම්මත නම්
ඔහු අදැහැමි පාලනයක් ගෙන යයි නම්
- හැම දෙන ඔහු අනුව ම අදැහැමි වන්නේ
ඉදින් රටක රජු අදැහැමි වේ නම්
- මුළු රට වැසි හැම දුකසේය නිදන්නේ

(3)

ගඟේ ගලන වතුර පාර
- තරණය කෙරුමට ගව පිරිසේ
මහ ගවයෙක් පෙරටුවට ඇවිත්
- කෙළින් ම පිහිනා යනවා නම්
මහගවයා ඍජුවම යන හින්දා
- ඔහු පිටුපස යන හැමෝම ඍජුවයි යන්නේ
සියලු දෙනාට ම නැත වරදින්නේ
- සුවසේ එතෙරට යන්නට හැකිවන්නේ

(4)

එලෙසින් මිනිසුන් අතරේ සිටින යමෙක්
- සැමගේ නායකයා ලෙස සම්මත නම්
ඔහු රට දැහැමිව පාලනය කරයි නම්
- හැම දෙන ඔහු අනුව ම දැහැමි වන්නේ
ඉදින් රටක රජු දැහැමි වේ නම්
- මුළු රට වැසි හැම සැපසේ ය නිදන්නේ

බෝධිසත්වයන් මේ විදිහට ගාථාවන්ගෙන් රජෙකුගේ ක්‍රියාකලාපය සිදුවිය යුතු ආකාරය පැවසුවා. එතකොට වෙස්වළාගෙන සිටි රජ්ජුරුවෝ මෙහෙම කිව්වා. "ස්වාමීනී, බරණැස් රජ්ජුරුවෝ වෙන කවුරුවත් නොවේ මම යි. මට දැන් රජෙකුගේ ක්‍රියාකලාපය මේ ඈත හිමාලයේ ඇති ගහකොළට පවා බලපාන බව වැටහුනා. කලින් නුගගෙඩි රසවත් වුනේ මා නිසා ම යි. අද ඒ නුග ගෙඩි ම තිත්ත වී තියෙන්නෙත් මා නිසා ම යි. ස්වාමීනී, මං මේ නුගගෙඩි ඉක්මනින් ම ආයෙමත් රසවත් කරනවා" කියා බෝධිසත්වයන්ට වන්දනා කොට පිටවෙලා කලින් වගේ ම සර්ව සම්පූර්ණ ධාර්මික පාලනයක් ගෙන ගියා.

මහරජ, එදා බරණැස් රජ්ජුරුවෝ වෙලා සිටියේ වෙන කවුරුවත් නොවේ අපගේ ආනන්දයෝ. වනාන්තරයේ සිට රජ්ජුරුවන්ට ගාථාවලින් දහම් දෙසූ තවුසාව සිටියේ මම" යි කියා භාග්‍යවතුන් වහන්සේ මේ ජාතකය නිමවා වදාළා.

05. ජම්බුක ජාතකය

තම තරම නොදැන කටයුතු කොට නැසී ගිය ජම්බුක නමැති සිවලාගේ කතාව

පින්වතුනේ, පින්වත් දරුවනේ,

සමහර අය තමන් ගැන ඕනෑවටත් වඩා මහා ලොකුවට සිතාගෙන ඉන්නවා. තමන්ට ගොඩාක් සුදුසුකම් තියෙනවා කියා සිතනවා. තමන්ටත් ඕනෑම දෙයක් කරන්ට පුළුවන් ය කියා සිතනවා. ඒ නිසාම තමා මහා කරදරේක වැටෙනවා. මෙය එබඳු කතාවක්.

ඒ දිනවල අපගේ භාග්‍යවතුන් වහන්සේ වැඩ වාසය කොට වදාළේ රජගහනුවර වේළුවනයේ. ඔය කාලේ වජ්ජි දේශයෙන් ආ තරුණයන් පන්සියයක් අපගේ ධර්ම සේනාධිපතීන් වහන්සේ ළඟ පැවිදිව සිටියා. මේ වජ්ජිපුත්තක භික්ෂූන් සිතාගෙන සිටියේ දේවදත්තත් ඉතා යහපත් අන්‍යයන්ගේ හිතසුව පිණිස කටයුතු කරන කෙනෙක් කියලයි. ඒ නිසා දේවදත්ත තමන්ගේ අලුත් ප්‍රතිපත්ති පහක් ඉස්මතු කොට කතා කරලා මේ පන්සියයක් වූ වජ්ජිපුත්තක භික්ෂූන්ව තමන්ගේ පැත්තට අවනත කරගත්තා. අර භික්ෂූන් සිතුවේ දෙව්දත් කියන ආකාරයට කටයුතු කිරීමෙන් ඉක්මනින් සංසාරෙන් එතෙර වෙන්ට පුළුවන් කියලයි. අසත්පුරුෂ දේවදත්ත

මේ පන්සිය දෙනා රැගෙන ගයා ශීර්ෂයේ දේවදත්ත රජමහාවිහාරයේ නවත්වාගෙන ඔවුන්ට බණ කියන්ට පටන්ගත්තා. මේ භික්ෂු පිරිස තවදුරටත් දෙව්දත්ට සවන් දුන්නොත් මොවුන්ට තිසරණය අහිමිව මහා දුකකට පත්වෙන්ට සිදුවෙන බව අපගේ භාග්‍යවතුන් වහන්සේ දිවැස් නුවණින් දැක වදාළා. ඉතින් භාග්‍යවතුන් වහන්සේ අපගේ අග්‍රශ්‍රාවකයන් වහන්සේලාට ඉක්මනින් ගිහින් ඒ විපතට පත් වේගෙන එන භික්ෂු පිරිස බේරාගන්ට කියා පවසා වදාළා.

අපගේ සාරිපුත්ත - මොග්ගල්ලාන අග්‍රශ්‍රාවකයන් වහන්සේලා වඩින කොට දෙව්දත්ට මහා සතුටක් ඇති වුනා. දැන් තමාත් භාග්‍යවතුන් වහන්සේට සමාන ය කියා සිතුනා. එහෙම සිතා "සාරිපුත්ත, මාගේ පිට ස්වල්පයක් ගිලන් ය. මං ටික වේලාවක් සැතපෙන්නම්. ඔබ මේ සඟ පිරිසට මා කළ දේශනාව ඉදිරියට කරගෙන යන්ට" කියා භාග්‍යවතුන් වහන්සේ කරන ආකාරයෙන් ම කිව්වා. එතකොට අපගේ සාරිපුත්තයන් වහන්සේ චතුරාර්ය සත්‍ය ධර්මය වදාළා. අපගේ මහා මොග්ගල්ලානයන් වහන්සේ ඉර්ධිප්‍රාතිහාර්ය දක්වමින් ඒ ඒ දහම් කරුණෙහි අරුත් ඉස්මතු කොට පෙන්වා වදාළා. ඒ පන්සියයක් භික්ෂූන් වහන්සේලා ම සෝවාන් ඵලයට පත් වුනා. එතකොට අපගේ දෑගසව්වන් වහන්සේලා ආපසු පිටත් වෙද්දී අර පන්සියයක් භික්ෂූන් වහන්සේලාත් උන්වහන්සේලා සමග පිටත්ව වැඩියා. ශාලාවේ කවුරුත් නැති බව දුටු කෝකාලික දේවදත්තගේ පපුවට වැලමිටෙන් ඇණ අවදි කළා. අවදි ව වටපිට බැලූ විට පාලු ශාලාව දුටු දේවදත්තට ශෝකය උහුලා ගන්ට බැරිව කටින් උණු ලේ වමනය ගියා.

දම්සභා මණ්ඩපයේ රැස්වූ භික්ෂූන් වහන්සේලා අතර වැඩ සිටි අපගේ සාරිපුත්තයන් වහන්සේ "අනේ බලන්ට ඇවැත්නි, තමන්ගේ තරම දැනගෙන ඉන්නේ නැතිව භාග්‍යවතුන් වහන්සේව අනුකරණය කරන්ට ගොහින් දේවදත්ත මහා දුකකට පත් වුනා" කියා මේ ගැන කතා කරමින් සිටියා. ඒ අවස්ථාවේ අපගේ භාග්‍යවතුන් වහන්සේ එතැනට වැඩමවා වදාළා. සාරිපුත්තයන් වහන්සේ තමන් කතා කරමින් සිටි කරුණ භාග්‍යවතුන් වහන්සේට සැළකළා. භාග්‍යවතුන් වහන්සේ මෙය වදාළා.

"සාරිපුත්ත, මං කරන දේ බලා සිට එය අනුකරණය කරන්ට ගොහින් දෙව්දත් වැනසුනේ දැන් මේ ආත්මේ විතරක් නොවේ."

එතකොට අපගේ සාරිපුත්තයන් වහන්සේ ඒ පෙර ආත්මයේ කතාව කියාදෙන්ට කියා භාග්‍යවතුන් වහන්සේගෙන් ඉල්ලා සිටියා. භාග්‍යවතුන් වහන්සේ මේ කතාව ගෙනහැර දක්වා වදාළා.

"සාරිපුත්තයෙනි, ඒක මෙහෙමයි වුනේ. ගොඩාක් ඉස්සර කාලෙක බරණැස්රටේ බ්‍රහ්මදත්ත නම් රජ්ජුරු කෙනෙක් රාජ්‍ය කරමින් සිටියා. ඔය කාලයේ මහාබෝධිසත්වයෝ සිංහ යෝනියේ ඉපදිලා හිමාල වනයේ ගල්ලෙනක වාසය කළා. දවසක් මේ සිංහයා කුළුමීමෙක් දඩයම් කරගෙන හොඳට මස් කාලා වතුර බීලා ගුහාවට එද්දී අතර මග සිවලෙක් මුණ ගැසුනා. මේ සිවලාට පලායන්ට විදිහක් නැතිව එතැනම බඩ පොළොවේ බඩ දිගැරගෙන සිංහයාට වැඳගෙන බැගෑපත් ඉරියව්වෙන් දිගාවුනා. එතකොට සිංහයා මෙහෙම ඇහැව්වා.

"හා... එම්බල ජම්බුකය, තෝ මේ කොයිබද?"

"හ... හනේ... ස්වාමී... මං... මං... මේ... තමුන්නාන්සේට උපස්ථාන කරන්ට ආසාවෙන් උන්නු හිවල් ගොබ්ලෙක් !"

"ඕ... හෝ... එහෙනම්... හොඳා... තෝ වර මාත් එක්ක" කියා සිංහයා හිවලාව සිංහයාගේ ගල්ලෙනට එක්කරගෙන ගියා. හිවලා ඉතාමත් බයාදු විදිහට දෙකට තුනට නැමී ගල්ලෙනේ වාසය කළා. "තෝ භය ගන්ට කාරි නෑ. ගල්ලෙනේ හිටිං... මං තොට මස් ඇන්න එඤ්ඤං" කියලා එදා පටන් සිංහයා දඩයම් කරන මස් වලින් සිවලාටත් ගෙනත් දෙනවා. කලක් යද්දී හිවලාගේ තිබුනු නෝංජල් පෙනුම නොපෙනී ගිහිං මහතරබාරු සිරුරක් හැදුනා. දවසක් සිවලා තමන්ගේ මස් වැඩී ගිය ඇඟපත දිහා බලා සිටිද්දී තමන් ගැන මහා උඩඟුකමක් ඇතිවුනා.

"හහ්... මං මොකටෙයි සිංහයා ගේන මස් කකා ඉන්නේ... ඇයි මට දඩයම් කරන්ට බැරි" කියා සිතා සිංහයා ළඟට ගිහිං මෙහෙම කිව්වා.

"මේ... ස්වාමි... මං ඉතිං නිතරෝම කොටා බාන්නේ තමුන්නාන්සේ දඩයම් කොරාන ඇන්න එන ගොදුරු නොවැ. තමුන්නාන්සේට මේක මහා පළිබෝධයක් මයෙ හිතේ. ඇයි ඉතිං හැමදාම මටත් ගොදුරු ඇන්න එන්ට එපායැ. ඉතිං... ඉතිං... ස්වාමී... අද තමුන්නාන්සේ ගල්ලෙනේ වැඩ ඉන්ට. මහා විශාල හස්තිරාජයෙකුව දඩයමට ගන්ටයි මං ආසා. මං එහෙනම් ගොහිං මහා හස්තියෙකු දඩයම් කොරගෙන තමුන්නාන්සේට සෑහෙන්ට ඇන්න එන්නංකෝ හොඳේ."

මේ නරියාගේ උඩඟු කතාව ඇසූ සිංහයාට හොඳටෝම හිනා ගියා. "හොහ්... හොහ්... හෝ... මේ... බොල ජම්බුකයෝ... මං කියන දේ අසාපං. තෝ ඔය වැඩේට ආසා කොරන්ට එපා. තොට මං කොරන ඒවා බෑ. හස්තීන් මරා කන යෝනියේ තෝ උපන්නේ නෑ. තොට අලි මස් කන්ට ආසා ම නං ගල්ලෙනේ හිටිං. මං ගොහින් හස්තියෙක් දඩයම් කොරාන තොටත් මස් ගේන්නං. ජම්බුකයෝ... ඔය ඇත්තු කියන්නේ මහා විශාල තඩි ඇඟවල් තියෙන සත්තු ජාතියක් බොල. තමන්ට නොපෑහෙන දේ ගන්ට එපා. මගේ වචනය කරපං" කියා මේ පළමු ගාථාව පැවසුවා.

(1)

ජම්බුකයෝ මේ අහපං
- ඇතා කියන්නේ මහ ලොකු
- ඇඟක් තියෙන සතෙක්
ඒකාට මහා දිග දළකුත් තියෙනවා
- පරුවතයක් වගේ ඇවිද යනවා
යම් කුලයක උපන් සතෙක්
- දඩයමකට ගනියි ද ඔය ඇතා
තෝ ඒ ඇත්තු මරන කුලේ උපන්
- සතෙක් නොවේ, තෝ නරියෙක්

සිංහයා මේ විදිහට නරියාට පහදා දුන්නා. ඒත් ඇහුවේ ම නෑ. ඇතෙකුව දඩයම් කරන්ට ඕනෑ ම යි කියලා තුන් වතාවක් සිංහයා නාද කරන සෙයින් උඟත් හූ තුනක් තිබ්බා. පහල බලද්දී මහා විශාල හස්ති රාජයෙක් යනවා දැක්කා. දැකලා මේ ඇතාගේ කුම්භස්ථලයට ම යි ප්‍රහාරය දෙන්ට ඕනෑ කියලා පැන්නා. පැන්න ගමන් ඇතාගේ හිසේ වැදුනු සිවලා කැරකී වැටුනේ ඇතාගේ

පාමුලට යි. එතකොට ඇතා ඉදිරිපාදයක් ඔසොවා නරියාගේ ඇඟේ තිබ්බා විතරයි ඔළුව පොඩි වුනා. ඇඟ චප්ප වුණා. හයියෙන් කෙඳිරි ගගා දිගැදුනා. ඇතා කුංචනාද කොට පිටත්ව ගියා.

නරියාගේ කෙඳිරිය ඇසී සිංහරාජයා කන්දට ඇවිත් පහළ බලද්දී තමන්ගේ අධික උඩගුකම නිසා විනාශයට පත් නරියාව දකින්ට ලැබී මේ ගාථාවන් පැවසුවා.

(2)

සිංහයෙක් නොවන සත්වයෙක්
- සිංහයෙක් ය සිතා මහා උඩගුකමින්
සිංහයෙකුව අනුකරණය කරන්ට සිතලා
- ඇත්කුඹ මත කඩාපනින්නට ගියොත්
කෙඳිරි ගගා බිම වැතිරී පණ අදිනා
- අර නරියාට වූ දේ තමා වෙන්නේ

(3)

මහ යසසින් හෙබි - හොඳින් පිහිටි කඳ ඇති
මහ වීරිය බල ඇති - උත්තම පුද්ගලයාගේ තිබෙනා
නුවණත් උපතින් ලත් බලයත්
- නොසිතා වැඩ කළ සිවලා
ඇත් පහරට ලක් වී - බිම වැතිරී පණ අදින හැටී

(4)

යමෙක් තමා තුළ තිබෙනා
- ඤාණ බලය කාය බලය
හඳුනාගෙන නිවැරදි ලෙස
- ඊට අනුව කටයුතු කරයි නම්
ශිල්ප ඉගෙන ගැනීමෙන් ද
- නුවණැත්තන් ඇසුරෙන් ලත් දැනීමෙන් ද

යහපත් හොඳ කතාවෙන් ද
   - මහත් ජයක් ලබන්නේ ය

මේ විදිහට සිංහරාජයා ලෝකයේ කෙනෙක් වැඩ කළ යුතු ආකාරය ගැන ගාථාවෙන් පැවසුවා. සාරිපුත්තයෙනි, එදා සිංහයා අනුකරණය කරන්ට ගොහින් වැනසී ගිය නරියා වෙලා ඉපදිලා සිටියේ වෙන කවුරුත් නොව දේවදත්ත යි. තමන්ගේ තරම හඳුනාගෙන වැඩ කරන්ට කියා නරියාට අවවාද කළ සිංහයාව සිටියේ මම” යි කියා භාග්‍යවතුන් වහන්සේ මේ ජාතකය නිමවා වදාළා.

06. බ්‍රහාඡත්ත ජාතකය

කපටිකමින් තම රජය ගත් බ්‍රහාඡත්ත තාපසයාගේ කතාව

පින්වතුනේ, පින්වත් දරුවනේ,

අපගේ භාග්‍යවතුන් වහන්සේ මේ බුදු සසුන පිහිටුවා වදාළේ බිහිසුනු සංසාර ගමනින් එතෙර වීමේ නෞකාවක් වශයෙනුයි. නුවණැති සත්පුරුෂයෝ ගෞතම බුදු සසුනේ පැවිදිව ලාභසත්කාරවලට වසඟ නොවී සීල - සමාධි - ප්‍රඥා යන ත්‍රිවිධ ශික්ෂාවන් පුරමින් මගඵල නිවන් සාක්ෂාත් කරමින් සසරින් එතෙරට ගියා. අමා මහ නිවන නමැති ජරා මරණ රහිත ක්ෂේමභූමියේ පිහිටියා.

නමුත් මඳ පින් ඇති උදවියත් බුදු සසුනේ පැවිදි වුනා. ඔවුන්ගේ සිත ඇදී ගියේ ප්‍රතිපත්තියේ යෙදීමට නොවේ. මිනිසුන් රවටා සිව්පසය ලබා ගැනීමටයි. එයට කියන්නේ කුහකකම කියලයි. ඉතින් මෙසේ කුහක ජීවිකාවෙන් ජීවත් වූ භික්ෂුවක් සැවැත් නුවර ජේතවනයේ සිටියා.

ඒ දිනවල අපගේ භාග්‍යවතුන් වහන්සේ වැඩ වාසය කොට වදාළේ සැවැත්නුවර ජේතවනයේ. ශික්ෂාකාමී පිළිවෙත් සරු භික්ෂූන් වහන්සේලා අර භික්ෂුවට කොතෙකුත් අවවාද කළා. කාගෙවත් අවවාද මොහු

ගණන් ගත්තේ නෑ. එතකොට භික්ෂූන් වහන්සේලා මොහුව භාග්‍යවතුන් වහන්සේ වෙත කැඳවාගෙන ගියා. භික්ෂූන් වහන්සේලා මේ භික්ෂුවගේ කුහක ජීවිකාව ගැන සැළකොට සිටියා. එතකොට භාග්‍යවතුන් වහන්සේ ඒ භික්ෂුවගෙන් මෙසේ අසා වදාළා.

"හැබෑ ද භික්ෂුව... මේ සසර දුකින් මුදවන, අමා නිවනට පමුණුවන උතුම් සසුනක පැවිදිව කුහකකමින් සිව්පසලාභය ලබාගෙන ජීවත් වෙනවා ය කියන්නේ?"

"එහෙමයි ස්වාමීනී."

"මහණෙනි, මේ භික්ෂුව දැන් මේ ආත්මේ විතරක් නොවේ කුහක ජීවිතයක් ගෙව්වේ. මීට කලින් ආත්මෙකත් මේ විදිහයි. මීට කලින් ආත්මෙකත් මේ පුද්ගලයා පැවිදිව සිටියා. ඒ තමන්ගේ කාරිය කරගැනීම පිණිසයි. ඉඳුරන් දමනය කොට තපස් කොට ධ්‍යානභාවනා කිරීමට නොවේ.

එතකොට භික්ෂූන් වහන්සේලා මොහුගේ අතීත ජීවිතය ගැන කියා දෙන්ට කියා භාග්‍යවතුන් වහන්සේගෙන් ඉල්ලා සිටියා. භාග්‍යවතුන් වහන්සේ මේ අතීත කතාව ගෙනහැර දක්වා වදාළා.

"මහණෙනි, ගොඩාක් ඉස්සර කාලෙක බරණැස්පුරේ බ්‍රහ්මදත්ත නම් රජ්ජුරුකෙනෙක් රාජ්‍ය විචාරමින් සිටියා. දවසක් ඔය බ්‍රහ්මදත්ත රජ්ජුරුවෝ මහත් වූ සේනා සංවිධානය කරගෙන කොසොල් රට ආක්‍රමණය කළා. සැවැත්නුවරට කඩා වැදී යුද්ධයෙන් නගරයට පිවිසියා. කොසොල් රජ්ජුරුවන්ව අල්ලා ගත්තා.

කොසොල් රජ්ජුරුවන්ට ඡත්ත නමින් පුත්

කුමාරයෙක් ඉන්නවා. ඒ කුමාරයා කාටත් හොරා වෙස් වළාගෙන සැවැත්නුවරින් පැනලා ගියා. කෙලින් ම ගියේ තක්සිලාවට. එහිදී දිසාපාමොක් ආචාරීන් සමීපයේ තුන්වේදත් දහඅටක් ශිල්පත් ඉගෙනගෙන තක්සිලාවෙන් පිටත් වෙලා වෙනත් ඈත පිටිසර ගමකට ඇවිත් උගන්වමින් වාසය කළා. ඔය ගම ඇසුරු කොට තාපසවරු පන්සියයක් වනාන්තරේ කුටිවල වාසය කරනවා.

දවසක් මේ ඡත්ත කුමාරයා තාපසවරු ඉන්න අරණ්‍යයට ගිහින් මෙහෙම හිතුවා. 'මුන්දැලාත් මොන මොනවා හරි ශිල්ප ශාස්ත්‍ර දන්නවා ඇති. නැත්නම් මේ කැලේක ඉන්නේ කොහොමෙයි? මාත් හෙමිහිට මුන්දැලා ළඟ පැවිදි වෙලා මොනවා හරි තවත් ඉගෙන ගත යුතු දේ ඉගෙන ගන්ට ඕනෑ' කියා සිතාගත් මොහු තාපසවරුන් වෙතින් පැවිද්ද ලබාගත්තා. තාපසයින් දන්නා හැම දෙයක්මත් ඉගෙන ගත්තා. කලක් යද්දී මොහුට තාපස පිරිසේ ප්‍රධානත්වය ලැබුනා.

මොහු තාපසයින්ගෙන් මෙහෙම ප්‍රශ්නයක් ඇසුවා. "පින්වත්නි, ඇයි ඔහේලා මේ කැලේම කරග්ගහන්නේ? ඇයි මධ්‍ය දේශයේ ඇවිදින්ට යන්නේ නැත්තේ?"

"හාපෝ පින්වත, ඔය මධ්‍ය දේශයේ මහා නුවණක්කාර මිනිස්සු ඉන්නවා. තාපසින්නාන්සේලාව දැක්ක ගමන් ඒකලා නොයේක් ප්‍රශ්න අහනවා. ඒ විතරක් යැ. ඒකුන්නේ නොයේක් ඇරයුම් ලැබෙනවා. අනුමෝදනා කරන්ට ඕනෑ. බණ කියන්ට ඕනෑ. උන්දැලාගේ සිත් ගන්න විදිහට අපට කියාගන්ට බැරි වුනොත් ඒකුන් අපට බණිනවා."

"හයියෝ... ඕවාට හය වෙන්නේ කවුද! මං

ඉන්නවානෙ දැං. මං බලාගඤ්ඤං ඒවා. ඔහේලා භයගන්ට කාරි නෑ. මං ඒ සැම දෙයක් ම කොරඤ්ඤං. අපි යං.”

එතකොට මේ බ්‍රහාඡත්ත කියන තාපසයාගේ අදහසට හැමෝම කැමති වුනා. තවුස් පිරිකරත් අරගෙන පිටත් වුනා. පිළිවෙළින් බරණැසට ගියා. බරණැස් රජ්ජුරුවෝ එදා කොසොල් රාජ්‍ය ආක්‍රමණය කරලා පාලනය පිණිස තමන්ගේ කෙනෙක් පත් කරලා මාළිගාවේ තිබුණු රන් රිදී මුතු මැණික් වෛරෝඩි ආදී සියලු වස්තුව අරගෙන ආවා. ගෙනැවිත් විශාල ලෝහ භාජනයක පිරෙව්වා. රහසේ ම උයනේ වලක් හාරා තැන්පත් කළා. තාපසවරු ඇවිදින් නැවතුනෙත් ඒ රාජ උද්‍යානේ ම යි. එදා රාත්‍රියේ උයනේ වාසය කරලා පසුවදා බරණැස් නගරයට පිඬු සිඟා ගියා. රාජ ද්වාරය ළඟටත් ගියා. රජ්ජුරුවෝ මේ තාපසවරු දිහා බලාගෙන සිටියා. මොවුන්ගේ ශාන්ත ඉරියව් දැක පැහැදුනා. ඒ තාපසවරුන්ව රජමැදුරේ උඩු මැදුරට වඩමවාගත්තා. ඉතාමත් ආදර ගෞරව දැක්කුවා. හීලට කැඳ කැවිලි ආදිය පූජා කරගත්තා. දහවල් මහ දානෙ වෙලාව එනතුරු රජ්ජුරුවෝ තාපසවරුන්ගෙන් ප්‍රශ්න විචාරීම කළා. එතකොට බ්‍රහාඡත්ත තවුසා ලස්සනට පිළිතුරු දුන්නා. රජ්ජුරුවොත් මොහු ගැන හොඳටෝම ප්‍රසන්න වුනා. දන් වළඳා අවසානයේ විචිත්‍ර වූ භුක්තානුමෝදනා බණකුත් කීවා.

එතකොට රජ්ජුරුවෝ වඩාත් ම පැහැදුනා. ඒ තවුසන්ට රාජඋද්‍යානයේ ම වාසය කරන්ට කියා ආරාධනා කළා. මේ ඡත්ත තාපසයා උයනට ගිහින් රහසේ ම කරන්නේ නිධාන තියෙන තැන සොයාගන්ට මැතිරීමයි. ‘මේ වලත්ත රජා මගේ පියාගේ රාජ්‍ය ආක්‍රමණය කරලා ගෙනාපු වස්තු සඟවා තියෙන්නේ කොහේ ද කියා මං

සොයාගන්ට ම ඕනෑ' කියා සිතා දිගින් දිගටම මතුරද්දී මොහුට නිධානය පේන්ට ගත්තා. වැඩි ඈතක නොවේ. රාජ උද්‍යානයේ ම යි නිධානය තියෙන්නේ. 'හරි... මේවා මේකාට අයිති වස්තුව නොවේ. මට අයිති වස්තුව යි. මං මේ නිධානය අරගන්නවා. අරගෙන මගේ පියා සන්තක රාජ්‍ය මං ආයෙත් අරගන්නවා' කියා සිතා අර තාපසවරු පන්සියයම රාත්‍රියේ රහසේ ම රැස් කළා.

"මේ... පින්වත්නි... මං කියන එක හොඳට අහගන්ට ඕනෑ. මේක රහසක්. ඔව්... මං දැන් කවුද කියා ඔහේලාට කියන්නං. මං මේ සාමාන්‍ය පුද්ගලයෙක් නොවෙයි. මං තමා හිටපු කොසොල් රජ්ජුරුවන්නේ එකම පුත් කුමාරයා. කෝසල රාජ්‍යයේ සැබෑ හිමිකාරයා. මේ මගෝඩි රජා අපේ කොසොල් රට ආක්‍රමණය කළා. එදා පැනලා ගිය ගමන් තමයි මං මේ ඉන්නේ. ඉතින් මේකා අපේ ධනය හොරාට මෙහෙ ගෙනාවා. මං හොයා ගත්තා ඒ මගේ වස්තුව තියෙන තැන. මේං... මේ උයනේ ම යි ඒ වස්තුව නිධන් කරලා තියෙන්නේ. මං ඒ නිධානෙ ගොඩ ගන්නවා. අරගෙන ගොහිං මගේ රාජ්‍යය පිහිටුවා ගන්නවා... හරි... දැන් එතකොට ඔහේලාගේ අදහස මොකක්ද?"

"අපට වෙන අමුතු අදහසක් නෑ. අපිත් එහෙනම් ඔබත් එක්ක රාජ්‍යය ගන්ට එනවා."

එතකොට මොවුන් සියලු දෙනාම තනි අදහසට ආවා. සම්වලින් කළ ලොකු පසුම්බි පිළියෙල කරගත්තා. කවුරුත් එකතු වෙලා නිධානය තිබුනු තැන සාරා නිධානය ගොඩ ගත්තා. හැලියේ තිබුනු සියලු ධනය එක මුතු ඇටයක් නෑර මලුවලට පුරවා ගත්තා. හැලියට

තණකොට පිරෙව්වා. තාපසවරු පන්සිය දෙනයි, ඔවුන්ට පක්ෂපාත තවත් මිනිස්සුයි ධනයයි රැගෙන පලා ගියා. කෙලින් ම සැවැත්නුවරට ගියා. බරණැස් රජු නවත්වා ගිය ආණ්ඩුකාරයාව අල්ලා ගත්තා. රාජ්‍යය තමන් අතට ගත්තා. ඒ මහා ධනයෙන් ප්‍රාකාර අට්ටාල ආදිය ප්‍රතිසංස්කරණය කෙරෙව්වා. නැවත යුද්ධයකින් රජය අල්ලා ගන්ට බැරි විදිහට ශක්තිමත් කෙරෙව්වා. බ්‍රහාජත්ත නමින් රජ වුනා.

බරණැස් රජුගේ සේවකයෝ උයනේ සාරා ගොඩට ගත් සැළියක තණකොළ පුරවා ඇති බවත්, තාපසවරු කවුරුත් උයනේ නැති බවත් රජ්ජුරුවන්ට සැලකළා. ඒ වගේම සැවැත් නුවර රාජ්‍යයත් නැවත රජ්ජුරුවන්ගේ පුත්‍රයා අල්ලා ගත් බවත් දැනගන්ට ලැබුනා. රජ්ජුරුවෝ ඉක්මනින් තමන් වස්තුව සැඟවූ තැන බලන්ට ආවා. ඒ තණකොළ සැලිය දුටු ගමන් 'අයියෝ... හ්... හ්... හ්ම්... කෝ... මොකවත් නෑ නොවැ. ආහ්... ආහ්... එ... එතකොට ... ම්... මේ... ලෝහ හැලියේ... මේ... ම්... මහා... ලොහෝ... හැලියේ... මං... තැන්පත් කළේ... තණකොළ ද දෙයියනේ... තණකොළ ද! තණකොළ ද! එහෙනං!" කියා රජ්ජුරුවෝ විලාප දෙන්ට පටන් ගත්තා. එහෙම ම හඬ හඬා නගරයට ගිහිං "තණකොළ ද දෙයියනේ මං එදා තැන්පත් කොළේ තණකොළ ද! එතකොට ඒකේ තිබුණේ තණකොළ ද!" කියමින් ඇවිදින්ට පටන් ගත්තා. සේවකයෝ ගිහිං රජ්ජුරුවන්ව මාළිගයට එක්කරගෙන ආවා. ඒත් රජ්ජුරුවෝ කියන්නේ තණකොළ කතාව ම යි. රජ්ජුරුවන්ගේ ශෝකය නිවන්ට කාටවත් ම බැරි වුනා. ඔය දවස්වල බරණැස් රජ්ජුරුවන්ගේ අර්ථධර්මානුශාසක අමාත්‍යවරයාව සිටියේ මහාබෝධිසත්වයෝ. රජ්ජුරුවන්ගේ ශෝකය නිවා සිහි උපදවා දෙන්ට

ඕනෑ කියා ඇමතියා කල්පනා කොට රජ්ජුරුවෝ සමග වාඩිවෙලා හිටියා. එතකොටත් රජ්ජුරුවෝ "තණකොළ ද දෙයියනේ, තණකොළ ද!" කිය කියා හඬන්ට පටන් ගත්තා. ඒ වෙලාවේ බෝධිසත්වයෝ මේ ගාථාව පැවසුවා.

(1)

ඇයි රජුනේ ඔබ තණකොළ තණකොළ කිය කියා
හඬා වැටෙන්නේ ඒ ගැන විතරක් සිත සිතා
කවුද ඔබේ තණකොළ ටික අරං බැහැර ගියේ
තණකොළයෙන් ඔබ හට තිබෙනා කටයුතු කිම
තණකොළ ගැන මේ තරම්ම දොඩන කරුණ කිම

බෝධිසත්වයන් ඇසූ කාරණාවට රජ්ජුරුවෝ මේ පිළිතුරු ගාථාව පැවසුවා.

(2). මෙහි ආවා නොවැ බඹසර රකිනා තවුසෙක්
- ඇත වනේ ඉඳලා
බ්‍රහාජත්ත නම් වන ඒ තවුසා
- මහා උගතෙක් කියලා
මා සඟවා තිබූ සියලු ධනය
- ගෙන පැනල ගොහින් ඒකා
ධනය තිබුනු ඒ සැළියට
- ඒකා තණකොළ ගෙන දැවා

රජ්ජුරුවන්ගේ කතාව ඇසූ බෝධිසත්වයෝ මේ ගාථාවෙන් පිළිතුරු දුන්නා.

(3)

බොහෝ ධනයකට ආසා කරන අය -
තණකොළ ටිකකින් ඔය විදිහට කළ යුතුයි තමා
ඒකා කෙරුවේ තම පියා සතුව තිබූ -

සියලු ධනය ගෙන ගිය එකම තමා
රැගෙන නොයා යුතු තණකොළ ඔබගේ -
ලෝහ හැලියෙ පුරවලා ගියා
ඒ ගැන සිතමින් ඇයි නිරිඳාණෙනි -
ඔබ මෙහි සිටිමින් වැලපෙන්නේ

බෝධිසත්වයන්ගේ මේ ගාථාව ඇසූ රජ්ජුරුවෝ මේ ගාථාවෙන් පිළිතුරු දුන්නා.

(4)

සිල්වත් බඹසර රකිනා උදවිය
- නැත මෙලෙසින් කිසිදාක කරන්නේ
ලාමක ගති ඇති බාලය පමණයි
- අනාචාර මේ ලෙසින් කරන්නේ
සැණෙකින් සිල් බිඳ ගන්නා දුසිලා
- මහලොකු උගතෙක් සේ සිටියත්
ඒකාගේ ඇති පණ්ඩිත දැනුමෙන්
- කිසිම පලක් කාටත් නැත්තේ

මෙසේ කියූ රජ්ජුරුවෝ බෝධිසත්වයන්ගේ ගාථාව නිසා තමන්ගේ ශෝකය සංසිඳුවා ගත්තා. එදායින් පස්සේ ධාර්මිකව රාජ්‍ය පාලනයේ යෙදුනා.

මහණෙනි, එදා තාපසයෙකුගේ වෙස් ගෙන මහා දැනුමැති පණ්ඩිතයෙකු සේ පෙනී සිටි බ්‍රහ්මදත්ත වෙලා සිටියේ මේ කුහක භික්ෂුව ම යි. නුවණැති අමාත්‍යයා වෙලා සිටියේ මම ය කියා භාග්‍යවතුන් වහන්සේ මේ ජාතකය නිමවා වදාළා.

07. පීඨ ජාතකය

දානයට අසුනක් නොලත් තවුසාගේ කතාව

පින්වතුනේ, පින්වත් දරුවනේ,

ඇතැම් අවස්ථාවලදී බොහෝ කෑම් බීම් ඇති තැනක වුවත් ආහාර නොලැබී යන්ට පුළුවනි. එය එතැන ගැරහුම් ලැබීමට කරුණක් නොවේ. මෙය එබඳු කතාවක්.

ඒ දිනවල අපගේ භාග්‍යවතුන් වහන්සේ වැඩ වාසය කොට වදාළේ සැවැත්නුවර ජේතවනයේ. එදා ඈත ජනපදයක වාසය කරන එක්තරා භික්ෂුවක් සැවැත්නුවර ජේතවනයට පැමිණියා. පැමිණ භාග්‍යවතුන් වහන්සේට වන්දනාමාන කොට තමන්ට ලැබුනු ආගන්තුක කුටියට ගියා. ගිහින් එතැන සිටි නවක භික්ෂූන්ගෙන් මෙහෙම ඇසුවා.

"ඇවැත්නි, ආගන්තුකව වඩින භික්ෂූන් වහන්සේලාට බොහෝ සේ උපකාරී වන්නේ කවුරුද?"

"ඇවත, ඇයි අපගේ අනාථපිණ්ඩික සිටුතුමා. ඇයි විශාඛා මහා උපාසිකාවෝ. එයාලා සංඝයාට මව්පියෝ වගේ නොවැ."

"ඕ... එහෙනම් බොහෝම හොඳා" කියා ඒ භික්ෂුව පසුවදා ගොඩාක් උදේ ම සාමාන්‍යයෙන් භික්ෂූන්

වහන්සේලා පිණ්ඩපාතේ වඩින වේලාවට කලින් ම අනේපිඬු සිටුතුමාගේ ගේ දොරකඩට ගියා. අවේලාවේ වැඩිය නිසා කව්රුත් ඒ භික්ෂුව ගැන අවධානය යොමු කළේ නෑ.

එතැනින් මොකුත් නොලැබුන නිසා ඊළඟට ඒ භික්ෂුව විශාඛා මහා උපාසිකාවගේ ගේ දොරකඩට ගියා. තවම වේලාසන නිසා එතැනිනුත් මොකොවත් ලැබුනේ නෑ. එතකොට ඒ භික්ෂුව වෙන වෙන තැන්වල ඇවිද ආපසු එද්දී කැඳ බෙදන වෙලාව පසුවෙලා. එතකොට ආයෙමත් ඒ භික්ෂුව වෙන වෙන තැන්වල ඇවිදලා ආපසු එද්දී බත් බෙදන වේලාවත් පසුවෙලා. නිසි වේලාවට එතැන නොසිටි නිසා හීලත් දාවලත් දෙක ම වැරදුනා. එතකොට ඒ භික්ෂුවට කේන්ති ගියා. ජේතවනයට ඇවිත් මෙහෙම කියන්ට පටන් ගත්තා.

"හහ්... මෙහෙ උන්නාන්සේලා නම් කීවේ විශාඛාව මැණියෝ වගේ ය, අනේපිඬු සිටාණන් පියාණන් වගේ ය, භික්ෂූන්ට මහා උපකාරයි කියාලා. හාපෝ... මොන උපකාර ද... උන්දැලාට මොන ශ්‍රද්ධාවක්වත් නෑ. සංඝයා ගැන කිසිම පැහැදීමක් නෑ. හහ්... හනේ... සැදැහැවතුන් නොදැකපු අයට නම් හොඳා" කියමින් අනේපිඬු සිටාණන්ගේ ගෙදරටත්, විශාඛා මහෝපාසිකාවගේ ගෙදරටත් බණින්ට තියාගත්තා.

දම්සභා මණ්ඩපයට රැස්වූ භික්ෂූන් වහන්සේලා මේ භික්ෂුවගේ නින්දා කිරීම ගැන කතා කරමින් සිටියා. "අනේ ඇවැත්නි... අපගේ අනේපිඬු සිටාණන්ගේවත්, විශාඛා මහෝපාසිකාවගේවත් අපට නම් පේන්ට වරදක් වුනේ නෑ. මේ උන්නාන්සේ ඕං පාන්දරින් ම ගියා. අපි

කවුරුත් එතරම් වේලාසනින් යන්නේ නෑ නොවැ. ඊට පස්සේ වෙලාව පහුවෙලා ගියා. ඔහොම දේවල් වෙනවා නොවැ. තමන්ට දන් වැරදුනාය කියා කාටවත් බැණලා වැඩක් ඇතෙයි? දැන් මේ කෙළවරක් නැතිව බණිනවා..."

ඒ අවස්ථාවේ භාග්‍යවතුන් වහන්සේ එතැනට වැඩම කොට වදාළා. භික්ෂූන් වහන්සේලා තමන් කතා කරමින් සිටි කරුණ භාග්‍යවතුන් වහන්සේට සැලකළා. එතකොට භාග්‍යවතුන් වහන්සේ ඒ භික්ෂුව කැඳවා මෙසේ අසා වදාළා.

"හැබෑද භික්ෂුව, ඔබ වැඩි වේලාසනකින් අනේපිඬු සිටුගෙදරටත් විශාඛා උපාසිකා ගෙදරටත් ගොහින් දන් නොලැබුනාය කියා බැණ බැණ ඉන්නවාය කියන්නේ?"

"එහෙමයි ස්වාමීනී."

"ඇයි... භික්ෂුව ඔබ එහෙම කිපුණු සිතින් ඉන්නේ? අබුද්ධෝත්පාද කාලෙක පවා වාසය කළ තාපසවරු ගෙවල්වල ඉදිරියට ගොස් භික්ෂාව නොලබා හිස් අතින් හැරී යද්දී කිපුනේ නෑ. ඉවසීමෙන් යුක්ත වුනා" කියා මේ අතීත කතාව ගෙනහැර දක්වා වදාළා.

"මහණෙනි, ගොඩාක් ඉස්සර කාලෙක බරණැස්පුරේ බ්‍රහ්මදත්ත නම් රජ්ජුරුකෙනෙක් රාජ්‍ය විචාරමින් සිටියා. ඔය කාලේ මහාබෝධිසත්වයෝ බ්‍රාහ්මණ පවුලක උපන්නා. තිසි වයසේදී තක්සිලාවට ගොහින් ශිල්ප ශාස්ත්‍ර ඉගෙනගෙන ඇවිත් පසුකලෙක හිමාලෙට ගොහින් තාපස පැවිද්දෙන් පැවිදි වුනා. හිමාල අඩවියේ බොහෝ කලක් වාසය කොට ලුණු ඇඹුල් සෙවීම පිණිස කන්දෙන් පහලට බැස්සා. මනුස්ස වාසයේ චාරිකා

කරමින් අනුක්‍රමයෙන් බරණැසටත් ආවා.

ඉතින් පසුවදා බෝධිසත්වයෝ පිඬුසිඟා යන්ට කලියෙං දානේ ලැබෙන්නේ කොහෙන් ද කියා විමසුවා. එතකොට මිනිස්සු මෙහෙම කිව්වා. "ස්වාමීනී, බරණැස් සිටුතුමා ශ්‍රමණ බ්‍රාහ්මණයන්ට බොහෝම ප්‍රසන්නයි. ඒ සිටුගෙදරින් නම් කාටවත් දානේ වරදින්නේ නෑ" කියලා.

බෝධිසත්වයෝ බරණැස් සිටු නිවස දොරකඩට ගිහින් හිටගත්තා. ඒ මොහොතේ ම වාගේ බරණැස් සිටුතුමාත් රාජ උපස්ථානයට ගියා. මිනිසුන්ටත් පසෙකින් සිටගෙන උන් තාපසයන්ව පෙනුනේ නෑ. තාපසයෝ සෑහෙන වේලාවක් සිටගෙන සිටියා. මුකුත් ලැබුනේ නැති නිසා ආපසු හැරී ගියා. එතකොට සිටුතුමාත් රජ ගෙදරින් එන ගමන්. මේ තාපසින්නාන්සේ හැරී යනවා දැකලා ගිහින් වන්දනා කොට භික්ෂාභාජනය අතට ගෙන සිටු ගෙදරට වඩමවා ගත්තා. ආසනයේ වඩා හිඳුවා පා දෝවනය කළා. කැඳ අවුල්පත් ආදිය පූජා කරගෙන දාවල මහදනටත් වැඩ ඉන්ට කීවා. මහදානෙත් පූජා කරගත්තාට පස්සේ සිටුතුමා මෙහෙම කිව්වා.

"ස්වාමීනී, අපගේ ගේ දොරකඩට වඩින කිසිම ශ්‍රමණ බ්‍රාහ්මණයෙකුට සත්කාර සම්මාන නොලබා ගිය අවස්ථාවක් නෑ. සාමාන්‍යයෙන් ඕනෑම යාචකයෙකුවත් අපි හිස් අතින් යවන්නේ නෑ. නමුත් අද තමුන්නාන්සේ මෙතැනට වැඩලා සිටගෙන සිටි වග අපගේ ළමයි කවුරුත් දැකලා නෑ නොවැ. අසුනක් පිළිගන්වන්ට, වළඳින පැන් ටිකක් දෙන්ට, පා සෝදන්ට, කැඳබත් ටිකක් පිළිගන්වන්ට කාටවත් ම බැරි වෙලා. ඒකනේ තමුන්නාන්සේ හිස් අතින් වැඩියේ. අනේ ස්වාමීනී,

මේක අප අතින් නොදැනුවත්ව සිදුවූ වරදක්. එයට තමුන්නාන්සේගෙන් අපට සමාව ලැබේවා!" කියා මේ පළමු ගාථාව පැවසුවා.

(1)

අනේ තාපසින්නාන්ස -
>   මගේ අතින් ලොකු වරදක් සිදු වුනා
වැඩ සිටින්ට ආසනයක් දෙන්ට බැරි වුනා -
>   වළඳින්ට පැනක් දෙන්ට බැරි වුනා
දානෙ ටිකක් කැඳ ටිකකුත් දෙන්ට බැරි වුනා -
>   මට සමාවන්න පින්වත් ස්වාමිනි

බරණැස් සිටාණන්ගේ මේ කියමන ඇසූ බෝධිසත්වයෝ මේ දෙවෙනි ගාථාව පැවසුවා.

(2)

පින්වත් සිටුතුමනි ඔබේ දානය ගැන
>   - නැත මට ලොකු ඇලීමකුත් ඇති වුනේ
දානෙ නැති වුනා කියා මා නැත කිපුනේ
>   - නැත මට කිසිවක් ගැන අපුලක් වුනේ
මෙවැනි අදහසක් නම් මට සිතුනේ
>   - මේ නිවසේ හැටි නොවැ මේ කියා පමණකි

එතකොට සිටුතුමා මේ ගාථාවන් පැවසුවා.

(3)

පින්වත් තවුසාණෙනි අපගේ -
>   පියමුතු පරපුරේ සිටං දිගටම එන සිරිතකි
මහණ බමුණු මේ නිවසට ආ විට -
>   ආසන පනවනවා පා සෝදන දිය දෙනවා
පා ගල්වන තෙල් දෙනවා -
>   හැම උවටැන් කරනවා

(4)

පින්වත් තවුසාණෙනි අපගේ -
පියමුතු පරපුරේ සිටං දිගට ම එන සිරිතකි
මහණ බමුණු මේ නිවසට ආ විට -
මව්පිය වැනි උතුම් නෑයෙකුට ලෙසින්
මහත් ආදරෙන් පිළිගෙන -
මැනැවින් හැම උවටැන් අපි කරනවා

ඉතින් බෝධිසත්වයෝ කීප දවසක් ම බරණැස් සිටු නිවසේ වාසය කොට සිටුතුමාට දහම් දෙසුවා. නැවත හිමාලයට ගොස් තමන්ගේ කුටියේ වාසය කොට ධ්‍යාන අභිඥා සමාපත්ති උපදවාගෙන මරණින් මතු බඹලොව උපන්නා."

මේ කතාව වදාළ අපගේ භාග්‍යවතුන් වහන්සේ චතුරාර්ය සත්‍ය ධර්මය දේශනා කොට වදාළා. ඒ ධර්ම දේශනාව අවසානයේ අනේපිඬු සිටුපවුලටත්, විශාඛා සිටුපවුලටත් කලින් දොස් කියමින් සිටි ඒ භික්ෂුව සෝවාන් ඵලයට පත් වුනා. "මහණෙනි, එදා බරණැස සිටුතුමා වෙලා සිටියේ අපගේ ආනන්දයෝ. තාපසයාව සිටියේ මම" යි කියා භාග්‍යවතුන් වහන්සේ මේ ජාතකය නිමවා වදාළා.

08. ථුස ජාතකය

ගුරුවරයාගේ අවවාදය නිසා මරණයෙන් බේරුණු රජුගේ කතාව

පින්වතුනේ, පින්වත් දරුවනේ,

මෙයත් ගොඩාක් ලස්සන කතාවක්. මේ කතාව බොහෝ දෙනෙකුගේ අවධානයට ලක්විය යුතු ගොඩාක් උපකාරී කතාවක්.

ඒ දිනවල අපගේ භාග්‍යවතුන් වහන්සේ වැඩ වාසය කොට වදාළේ රජගහනුවර වේළුවනයේ.

ඔය කාලේ මගධ රාජ්‍යයේ අධිපති ව කටයුතු කළේ සෝවාන් ඵලයට පත් ආර්යශ්‍රාවකයෙකු වන බිම්බිසාර රජ්ජුරුවෝ. බිම්බිසාර රජ්ජුරුවන්ගේ අගමෙහෙසිය වෙලා සිටියේ කොසොල් මහරජ්ජුරුවන්ගේ සහෝදරිය යි.

ඉතින් මේ බිම්බිසාර රජබිසොවගේ කුසෙහි දරුවෙක් පිළිසිඳ ගත්තා. මේ දරුවා පිළිසිඳගත් දා පටන් ඒ රජබිසොව මහත් චිත්ත පීඩාවෙන් මහත් දුකිනුයි වාසය කළේ. එයට හේතුව තමන්ගේ ස්වාමියා වන බිම්බිසාර රජ්ජුරුවන්ගේ දකුණු උරහිසෙන් ගත් රුධිරය බොන්ට හිතේ ආසාවක් ඇති වීම යි. තමන්ගේ

සිතේ ඇති වූ අදහස බැහැර කරන්ට කොතෙකුත් මහන්සි ගත්තත් ඒක ම යි මතු වෙවී සිතට ආවේ. ඈ කාටවත් ම මෙය නොකියා හැඬූ කඳුළින් සිටිද්දී ඇගේ උපස්ථායිකාවන්ගේ බලවත් ඇවිටිල්ල නිසා සිතේ සඟවාගෙන සිටි මේ බිහිසුණු දොළදුක ගැන ඈ හෙළිදරව් කළා.

සේවිකාවන්ගේ මාර්ගයෙන් බිම්බිසාර රජ්ජුරුවොත් මේ දොළදුක ගැන දැනගත්තා. එතකොට රජ්ජුරුවෝ නිමිත්තපාඨකයෝ කැඳවා "ආචාර්යපාදයෙනි, අපගේ දේවීන්නාන්සේට මේං මෙවැනි දොළදුකක් ඇති වෙලා තියෙනවා නොවැ. මොකක්ද මේකට කාරණාව?" කියා විමසා සිටියා.

එතකොට නිමිතිපාඨකවරු රජ්ජුරුවන්ට මෙහෙම කිව්වා. "මහරජ, දේවීන්නාන්සේගේ කුසේ පුත්‍රයෙක් පිළිසිඳගෙන තියෙනවා. මේ දරුවා තමුන්නාන්සේව ඝාතනය කොට රාජ්‍ය බලහත්කාරයෙන් ගන්නවා."

එතකොට රජ්ජුරුවෝ මෙහෙම කිව්වා. "හරි... ආචාර්යපාදයෙනි... ඉදින් මගේ ම පුත්‍රයෙක් මාව මරවා රාජ්‍ය ගන්නවා නම් ගත්තාවේ. ඒකට මක් වෙනවද..." කියලා දේවිය හඬමින් සිටිද්දී තමන්ගේ කඩුවෙන් දකුණු උරහිස තුවාල කොට රන් තැටියට ගත් ලේ ටිකක් දේවිට පෙව්වා.

දේවිය තනියම මෙහෙම කල්පනා කළා. 'අයියෝ.. මං මොනතරම් අවාසනාවන්තියක් ද? මගේ කුසේ මේ උපදින්ට ඉන්න පුත්‍රයා තමන්ගේ පියාව මරා දමන එකෙක් ලු. එහෙම දරුවෙකුගෙන් මට කුමන ප්‍රයෝජනයක් ද. මීට වඩා හොඳයි මේකාව මව්කුසේ ම මරා දමන එක'

කියා සිය දරුගැබ වේගයෙන් ස්ථම්භයක ඇතිල්ලුවා.

මෙය දැනගත් බිම්බිසාර රජ්ජුරුවෝ දේවිය ළඟට කැඳවා මෙහෙම කිව්වා. "සොඳුරී... ඇයි ඔයා දරුගැබ නසන්ට වෑයම් කරන්නේ? ඉතිං මගේ පුතෙක් මාව මරා රාජ්‍යය ගන්නවා කියමු. ඉතිං මොනා කරන්ට ද! මොකෝ මං අජර අමර කෙනෙක් ද? මේ... මා ප්‍රිය දේවී... මට මගේ පුත්‍රයාගේ මුහුණ බලන්ට දෙන්ට... ඕං... මින්පස්සේ නම් ඔයා ඔහොම කරන්ට එපා හොඳේ."

ඊට පස්සේ ඈ මාළිගාවේදී දරුගැබ නැති කරන්ට මහන්සි ගත්තේ නෑ. නමුත් ඈ අඹ උයනට ගිහින් තමන්ගේ කුස අඹගස්වල හේත්තු කොට තදින් මඩිනවා. එතකොට රජ්ජුරුවන්ට එය ආරංචි වුනා. රජ්ජුරුවෝ ඈ අඹ උයනට යන එක තහනම් කළා. ඈ ගොඩාක් අසරණ වුනා. ඈට කරන්ට දෙයක් ඇත්තේ ම නෑ. ඈ තමන්ගේ ආදරණීය ස්වාමියා තමන්ගේ ම පුත්‍රයා අතින් ඝාතනය වෙනවා දකින්ට හීනෙන්වත් කැමති වුනේ නෑ. ඈ නිසි කල් ආ විට පුත්‍රයෙක් වැදුවා.

මේ දරුවාට නම් තබද්දී මොහු උපදින්ටත් කලින් සිට තම පියාට සතුරුකමක් කරන්ට ආ කෙනෙක් වග කවුරුත් දැනගත් නිසා 'අජාතසත්තු කුමාරයා' යන නම දැම්මා. 'අජාතසත්තු' යන නමේ තේරුම 'නූපන් සතුරා' යන්න යි. ඉතින් මේ කුමාරයා මහාරාජ සම්පත් මැද මාළිගයේ ඇතිදැඩි වුනා.

දවසක් භාග්‍යවතුන් වහන්සේ දානය පිණිස පන්සියයක් භික්ෂූන් වහන්සේ පිරිවරාගෙන බිම්බිසාර රාජ මාළිගයට වැඩම කළා. එදා රජ්ජුරුවෝ ඉතා සතුටින් භාග්‍යවතුන් වහන්සේ ප්‍රමුඛ භික්ෂු සංඝයාට

ඉතා ප්‍රණීත වූ ආහාරපානාදියෙන් ඇප උපස්ථාන කළා. ඊට පස්සේ භාග්‍යවතුන් වහන්සේ භුක්තානුමෝදනා ධර්ම දේශනාව පවත්වන්ට පටන්ගත්තා. එතකොට ම සේවිකාවක් ඇවිත් ලස්සනට අන්දවපු කුමාරයාව රජ්ජුරුවන්ගේ අතට දුන්නා. රජ්ජුරුවන් මහත් දාරක ස්නේහයෙන් යුක්තව දරුවා සිඹ සිඹ ඔඩොක්කුවේ තියාගත්තා. දැන් රජ්ජුරුවන්ට බණ ඇසිල්ල ගැන අවධානය නැතුව ගියා. පුත්‍ර ප්‍රේමයෙන් යුක්තව සුරතල් කරන්ට පටන් ගත්තා.

මේ රජතුමා දරුවාට ඇති දැඩි ආදරය නිසා ප්‍රමාදයට පත්වෙන බව භාග්‍යවතුන් වහන්සේ දැක වදාළා. රජ්ජුරුවන්ට අනාගතයේ ඇතිවන උවදුරෙන් රජතුමාවත් දරුවාවත් දෙදෙනාව ම නිදහස් කරවීම පිණිස මෙසේ අවවාද කොට වදාළා.

"මහරජ්ජුරුවෙනි, දන්නවා ද ඉස්සර හිටපු රජවරු ඇතැම් අවස්ථාවල ගොඩාක් දුර දිග බලා කටයුතු කොට තියෙනවා. තමන්ගේ පුත්‍රයාගේ ක්‍රියාකලාපය ගැන සැක ඇතිවෙලා ඔහු රාජමාළිගාවේ රැඳී සිටින එක වළක්වා 'පුත්‍රය අපගේ ඇවෑමෙන් පසු ඇවිත් රාජ්‍ය භාරගන්ට' කියා රාජාඥා පනවා රාජ්‍යයෙන් ඈතට පිටත් කරවා තියෙනවා." එතකොට බිම්බිසාර රජ්ජුරුවෝ "අනේ ස්වාමීනී, ඒ රජ්ජුරුවන්ගේ කතාව අපටත් දැනගන්ට ආසයි. ඒ ගැන කියා දෙන සේක්වා" කියලා භාග්‍යවතුන් වහන්සේගෙන් ඉල්ලා සිටියා. භාග්‍යවතුන් වහන්සේ ඒ අවස්ථාවේදී මේ අතීත කතාව ගෙනහැර දක්වා වදාළා.

"මහරජ්ජුරුවෙනි, ගොඩාක් ඉස්සර කාලෙක බරණැස්පුරේ බ්‍රහ්මදත්ත නමින් රජ්ජුරු කෙනෙක්

රාජ්‍ය කරමින් සිටියා. ඔය කාලේ මහාබෝධිසත්වයෝ තක්සිලාවේ දිසාපාමොක් ආචාර්යපාදව සිට බොහෝ රාජකුමාරවරුන්ටත් බ්‍රාහ්මණකුමාරවරුන්ටත් ශිල්ප ශාස්ත්‍ර උගන්වමින් වාසය කළා. බරණැස් රජ්ජුරුවන්ගේ පුත් කුමාරයා සොළොස් හැවිරිදි කාලේ දිසාපාමොක් ආචාර්යපාදයන් ළඟට ශිල්ප හදාරන්ට ගියා. ගිහින් තුන් වේදයත්, සියලු ශිල්ප ශාස්ත්‍රත් ඉගෙනගෙන අවසන් කරලා බරණැසට ආපසු පිටත් වෙන්ට සූදානම්ව ආචාර්යපාදයන් ළඟට ගියා. එතකොට දිසාපාමොක් ආචාර්යපාදයෝ මේ රාජකුමාරයා දිහා බලාගෙන මෙහෙම සිතුවා.

'ම්... මේ කුමාරයාගේ අංග ලක්ෂණවල හැටියට නං තමන්ගේ පුත්‍රයාගෙනුයි මොහුට අන්තරාය පෙන්නුම් කරන්නේ. නමුත් මං මගේ ආනුභාවයෙන් ඒ අන්තරාය බැහැර කරලා මේ කුමාරයාගේ මතු අනාගතේ ආරක්ෂාව සලස්සන්ට ඕනෑ' කියා කල්පනා කොට මෙහෙම කිව්වා.

"මා ප්‍රිය දරුව, රාජකුමාරය, මං ඔයාට විශේෂ ගාථා හතරක් දෙනවා. ඒවා හොඳට පාඩම් කරගෙන තියාග න්ට ඕනෑ. හැබැයි ඒවා කියන්ට විශේෂ අවස්ථාවක් එනවා. එතකල් ඉවසීමෙන් ඉන්ට" කියලා ඉස්සෙල්ලාම ගාථා හතර පාඩම් කෙරෙව්වා. ඊට පස්සේ මෙහෙම කිව්වා.

"පුත්‍රය, දැන් ඔයා ගිහින් බරණැස රජකොමට පත් වෙනවානේ. ඔයා නිසා අගමෙහෙසියට අනාගතේ පුතෙක් ලැබෙනවා. අන්න ඒ රාජපුත්‍රයාට දහසය හැවිරිදි අවස්ථාවේ ඔයා ළඟ වාඩිවෙනවා. එතකොට

ඔයා කෑම කන වෙලාව. ආං ඒ වෙලාවට ඔය පළමු ගාථාව කියන්ට ඕනෑ.

ඊට පස්සේ ආයෙමත් අවස්ථාවක මහාඋපස්ථාන වෙලාවේ පිරිස අතරේ තමන්ගේ පුත් කුමාරයාව දකින්ට ලැබෙනවා. එතකොට දෙවෙනි ගාථාව කියන්ට ඕනෑ.

ඊළඟට මාළිගයේ උඩු මහළට නගින්ට සූදානම් වෙද්දී තුන්වෙනි ගාථාව කියන්ට ඕනෑ කියලා ඔයාට සිතේවි එතකොට ඒ තුන්වෙනි ගාථාව කියන්ට.

ඊට පස්සේ තමුන්නේ සිරියහන් ගබඩාවට ඇතුළු වෙද්දී උළුවස්ස ළඟදී ඔයාට ආයෙමත් ගාථාවක් කියන්ට ඕනෑ කියා සිතේවි. එතකොට ඔය සතරවෙනි ගාථාව කියන්ට."

එතකොට කුමාරයා සිය ගුරුවරයා දුන් අවවාද ඒ අයුරින්ම ගෞරවයෙන් පිළිගත්තා. ගුරුවරයාට ආදරයෙන් වන්දනා කොට බරණැස බලා පිටත් වුනා. පිය රජ්ජුරුවෝ සිය පුත් කුමාරයාට යුවරාජ පදවිය පිරිනැමුවා. පිය රජ්ජුරුවන්ගේ අභාවයෙන් පස්සේ යුවරාජපුත්‍රයාට රාජපදවිය ලැබුනා.

මේ අළුත් බරණැස් රජ්ජුරුවන්ට සිය අගමෙහෙසියගෙන් පුත් කුමාරයෙක් ලැබුනා. මේ පුත් කුමාරයා වයස දහසයක් වෙලා සිටින අවස්ථාවේ රජ්ජුරුවෝ මහත් රාජානුභාවයෙන් යුක්තව උද්‍යාන ක්‍රීඩාවට නික්ම යන රාජකීය ලීලාව දෙස බලා සිටි පුත්‍රයාට මහත් රාජ්‍යලෝභයක් හටගත්තා. 'ෂාහ්... මට පියා මරා රජකම ගන්ට ඇත්නම්' යන අදහස ඇති වුනා. ඉතින් කුමාරයා ගිහින් තමන්ගේ උපස්ථායක

ඇමතියන්ට මේ අදහස රහසේ කිව්වා. එතකොට ඔවුන් මෙහෙම පැවසුවා. "කුමාරයාණෙනි, ඒක හරිම අගේ ඇති අදහසක්. වයසට ගොහින් මහලු කාලේ ලබන රාජ ශ්‍රීයේ ඇති ඵලය කුමක් ද? මොකාක් හරි උපායකින් රජ්ජුරුවන්ව කම්මුතු කොරලා රාජ්‍ය ගන්න එක තමයි වටින්නේ."

එතකොට කුමාරයා සිය පියාව වනසන්ට ක්‍රමයක් කල්පනා කළා. අන්තිමේදී එක් උපායක් සිතට ආවා. 'හරි... පියා කන කෑමට හෙමිහිට විස දාලා මරන්ට පුළුවන් නොවැ' කියා දවසක් තමාත් පියා සමඟ ආහාර අනුභව කරන්ට වාඩි වුනා. පියාගේ ආහාර බඳුනට දමන විස තමන් ගාව සඟවාගෙන හිටියා. රජතුමාගේ රන් බඳුනට බත් දමා තිබුනා. රජතුමා බතට අත නොතබා ම සිටියදී ගුරුදේවයන් තමන්ට ඉගැන්නූ පළමු ගාථාව මතක් වෙලා මේ විදිහට ඒ ගාථාව පැවසුවා.

(1)

මහ අන්ධකාරයේදි පවා -
යමක් තෝරබේරගන්ට මීයා හොඳට දන්නවා
වී පොතු මොනවා ද කියා -
සහලුත් මොනවා ද කියා ඒකා හොඳට දන්නවා
අන්න එහෙම දන්න නිසා -
මීයා නෑ වී පොතු කන්නේ
හොඳින් තෝර බේරාගෙන සහල් ම කන්නේ

මේ ගාථාව කියපු ගමන් රාජකුමාරයා හොඳටෝම තැති ගත්තා. පිය රජ්ජුරුවන්ට තමන් ලේස්ති වුන වැඩේ ගැන දැනිලා බව තේරුනා. රජ්ජුරුවන්ගේ ආහාර බඳුනට විස දමන්ට ධෛර්ය නැතුව ගියා. නැගිටලා

රජ්ජුරුවන්ට වැඳලා පිටත්ව ගියා. කුමාරයා ගිහින් තමන්ගේ උපස්ථායක ඇමතිවරු මුණ ගැසුනා. "හරි වැඬේ ඇමතියනි, අද වැඬේ ගැස්සුනා නොවැ. අපේ පිය රජ්ජුරුවෝ කොහොම නමුත් මේක දැනගෙන නොවැ. මට නිකං නොකියා කිව්වා. ඉතිං අපි කොහොමද මේ වැඬේ කරගන්නේ?"

ඊට පස්සේ කුමාරයාත් ඔහුට පක්ෂපාතී ඇමතිවරුනුත් උයනේ සැඟවී ඉතාමත් රහසේ රජ්ජුරුවන්ව මරාගන්ට ඇති වෙනත් උපක්‍රමයන් ගැන කතාවුනා. "හරි... මට තව උපායක් මතක් වුනා" කියා කුමාරයා තමන්ගේ අදහස කිව්වා. "මෙහෙමයි මං කරන්ට හිතාන ඉන්නේ. දැන් ඔබලා කඩු පැළඳගෙන රජ්ජුරුවන්ගේ මහඋපස්ථානෙට යනවා නොවැ. එතකොට මං කඩුවක් අරගෙන ඇමතිවරුන් අතරේ ඉන්නං. රජ්ජුරුවන්ගේ ප්‍රමාදයක් බලා මං කඩුවෙන් කොටන්නං පැනපු ගමන්. එහෙම තමයි මරන්ට වෙන්නේ." හැමෝම ඒ අදහසට එකඟ වුනා.

එදා මහාඋපස්ථාන දවස. ඇමතිවරු හැමෝම රැස්වෙලා හිටියා. කුමාරයාත් ඇමතිවරු අතරේ සිටගෙන ඉන්නවා. අවස්ථාවක් එනතුරු නොඉවසිල්ලෙන් බලා ඉන්නවා. පිරිස දෙස බලා සිටි රජ්ජුරුවන්ට තමන්ගේ පුත්‍රයාත් එතැන ඉන්නවා දැක්කා. ගුරු දෙවිඳුන් තමන්ට කියා දුන් ගාථාව මතක් වුනා. මේ විදිහට දෙවෙනි ගාථාව කිව්වා.

(2)

උයනට ගොස් ගස් අතරේ රහසේ සැඟවී
- කතා කරපු දේවල් මං දන්නවා

ගමට ගොහින් රුස්වෙලා හොරෙන්
- කතා කරපු දේවල් මං දන්නවා
මට පහර දෙන්ට නොවැ ඒ අය හිතාන ඉන්නේ
- ඒ ඔක්කෝම මාත් දන්නවා

එතකොට ඇමතිවරුන් එකිනෙකා භය වෙලා මූණට මූණ බලාගත්තා. කුමාරයා ඒ පළාතේවත් නොසිට හෙමෙන් සීරුවේ මගහැරලා පලා ගියා. ගිහින් ආයිමත් තමන්ගේ උපස්ථායක ඇමතිවරුත් එක්ක රහසේ සාකච්ඡා කරන්ට පටන්ගත්තා. ඔවුන් මෙහෙම කිව්වා. "කුමාරයාණෙනි, අපට පෙනෙන හැටියට නං ඔබේ පියරජ්ජුරුවෝ තවම මේ සැලසුම් මොකවත් දන්නෙ නෑ. තර්කානුකූලව සිතා බලා වෙන්ට ඕනෑ ඔවැනි අදහස් කියන්නේ. නෑ... එයාව මරන්ට ම ඕනෑ."

එතකොට කුමාරයා දවස් කීපයකට පස්සේ කඩුවක් සඟවාගෙන උඩු මහළට නගින පඩිපෙළ ගාව ඇති කාමර දොර ළඟ සිටගෙන සිටියා. පඩිපෙළේ සිටි රජ්ජුරුවන්ට එක්වරම තම ගුරුදෙවිඳුන් ඉගැන්නූ ගාථාව මතක් වෙලා මේ විදිහට කිව්වා.

(3)

දවසක් වඳුරු පියෙක් -
කළා නොවැ අගේ ඇති වැඩක්
තමන් නිසා උපන් වඳුරු පුතාට -
ඉගැන්නුවා නොවැ පාඩමක්
එතකොට වඳුරු පුතා හිටියේ -
ඉතා ළදරු කාලේ
වඳුරුපියා තමන්ගෙ දත්වලින් සපා -
පැටියාගේ කෝෂ දෙකම කඩලා දැම්මා

රජ්ජුරුවෝ මෙය කිව්වා විතරයි. දැන් මාව අල්ලගන්ට එහෙනම් හදන්නේ කියා කුමාරයා හොඳටෝම භය වුනා. එතැන මොහොතක්වත් නොරැඳී පලා ගිහින් ආයෙමත් තමන්ගේ උපස්ථායක ඇමතිවරු මුණගැසී සිදුවූ දේ දැනුම් දුන්නා. "එහෙනම් අපි ටික දවසක් නිශ්ශබ්දව ඉම්මු" කියා ඔවුන් ටික දවසක් පාඩුවේ හිටියා. සති දෙකකින් පස්සේ ආයෙමත් ඔවුන් රහසේ එකතු වුනා. "කුමාරයාණෙනි, ඉදින් රජ්ජුරුවෝ අපේ සැලසුම් දන්නවා නම් මෙතෙක් කලක් ඉවසාගෙන සිටීවි ද. නෑ... නෑ... රජ්ජුරුවෝ මොකෝවත් දන්නෑ කියලයි අපි කියන්නේ. ඔය තර්කානුකූලව හිතලයි ඔබතුමාට ඔහොම කියන්නේ. නෑ... මරන්ට ම යි ඕනෑ."

එතකොට දවසක් කුමාරයා හොරෙන් ම කඩුවකුත් සඟවාගෙන මාළිගාවේ උඩුමහළට නැග්ගා. සිරියහන් ගබඩාවට රිංගුවා. රහසේ ම රජ්ජුරුවන්ගේ සිරියහන යට සැඟවුනා 'අද නං මං දෙකින් එකක් කරනවා ම යි' කියලා. මේ කිසිවක් නොදත් රජ්ජුරුවෝ රාත්‍රී ආහාර ගෙන තමන්ගේ සේවක ජනයා පිටත් කරවා සැතපෙන අදහසින් සිරියහන් ගබඩාවට ඇතුළු වෙද්දී උළුවස්ස ළඟදි ආයෙමත් ගුරුදෙවිඳුන් පැවසූ ගාථාව මතක් වී මෙමෙහෙම කිව්වා.

(4)

හනේ හනේ දැන් තෝ -
ඇසක් පොට්ට වෙච්චි එළුදෙනක් වගේ
අඹ යායට ඇවිත් භයට පත් වෙලා -
එහෙට මෙහෙට හැකිලෙනවා වාගේ
ඇඳ යටට ඇවිත් සැඟවී ඇති එකෙක් ඉන්නවා -
ඒ බව මං හොඳට දන්නවා

එතකොට කුමාරයා හොඳටෝම භය වුනා. 'දැන් නම් අහුවුනා තමයි. ආයෙ බේරිල්ලක් නෑ මට මැරුම් කන්ට වෙනවා' කියා සිතා ඇඳෙන් එළියට ඇවිත් කඩුව පිය රජ්ජුරුවන්ගේ පාමුල තිබ්බා. "අනේ දේවයන් වහන්ස, මට සමාවෙන්ට" කියා බිම දිගාවෙලා වැඳගෙන හිටියා. එතකොට රජ්ජුරුවෝ මෙහෙම කිව්වා. "හනේ බොල... තෝ හිතාගෙන හිටියේ මං මොකෝවත් දන්නෑ කියලද" කියා වහා අත්අඩංගුවට ගෙන හිරගෙදර දැම්මා. පැන යන්ට බැරි විදිහට දැඩි ආරක්ෂාවල් දැම්මා.

එදා රජ්ජුරුවන්ට තමන්ගේ ගුරුදේවයන් ගැන මහපුදුමාකාර ආදරයක් හටගත්තා 'අනේ මගේ ගුරුදේවයෝ අනාගතේ පවා මට වෙන්ට තියෙන අන්තරාවන්ගෙන් මාව බේරාගත්තා නේද' කියා." මේ කතාව වදාළ භාග්‍යවතුන් වහන්සේ බිම්බිසාර රජ්ජුරුවන්ට මෙසේත් වදාළා.

"ඔය විදිහට මහරජ්ජුරුවෙනි, ඉස්සර හිටිය රජවරු තමන්ට යමෙකුගෙන් අන්තරායක් වෙන බවට සැක කළයුතු අය ගැන සැකයෙන් ම හිටියා" කියා පහදා දුන්නා. මේ ආකාරයෙන් පහදා දීලත් බිම්බිසාර රජතුමා ඒ ගැන අවධානයක් යොමු කළේ නෑ.

"එදා තක්සිලාවේ දිසාපාමොක් ආචාර්යව සිටියේ මම" යි කියා භාග්‍යවතුන් වහන්සේ මේ ජාතකය නිමවා වදාළා.

09. බාවේරු ජාතකය

වෙනත් සතුන් නැති රටේ කපුටා පිදුම් ලැබූ කතාව

පින්වතුනේ, පින්වත් දරුවනේ,

අපගේ භාග්‍යවතුන් වහන්සේ ලෝකයට පහළ වෙන්ට කලින් මේ ලෝකේ තිබුනේ මතවාද තුනක් පමණයි. ඒ මතවාද තුන තමයි නොයෙකුත් ආගමික අදහස් ඔස්සේ වැඩි වෙලා ගිහින් දෘෂ්ටිවාද හැටදෙකක් දක්වා වැඩි වුනේ. ඒ තුළින් කාටවත් ම සත්‍ය වූ විමුක්තියක් ලැබුනේ නෑ.

ඒ මතවාද තුනෙන් මුල්ම එක වුනේ තමාත්, ලෝකයේ අන් සියලු සත්වයොත්, මේ ලෝකයත්, සෑම දෙයක්මත් කිසියම් දෙවියෙක් විසින් මැවූ දෙයක් ය යන්න යි. දෙවෙනි මතය හැටියට තිබුනේ තම තමා විසින් තම තමාව මවාගෙන ඇති බවයි. අනිත් මතය වුනේ තමා ඇතුළු හැමකෙනෙක්මත්, හැමදෙයක්මත් ඉබේ හටගත් සොබාදහමට අයිති දෙයක් කියලයි.

අප භාග්‍යවතුන් වහන්සේ වදාළ ධර්මය මේ මතවාද තුනට ම අයිති නෑ. මේ මතවාද තුනෙන් ම කාටවත් කවරදාකවත් විමුක්තියක් ලබන්ට බැරි බව භාග්‍යවතුන් වහන්සේ ඉතාමත් අනුකම්පාවෙන් යුතුව

පෙන්නා දුන්නා. භාග්‍යවතුන් වහන්සේ වදාළේ තමාත් තමාගෙන් පිටතත් ඇති සෑම දෙයක් ම හේතු ප්‍රත්‍යයන්ගෙන් හටගත් දේවල් බවත් ඒ හේතුප්‍රත්‍යයන් නැති වී යන විට එයින් හටගත් සෑම දෙයක් ම නැති වී යන බවත් ය. චතුරාර්ය සත්‍ය ධර්මය දේශනා කළේ මේ න්‍යාය මතයි. එය නුවණැතියන්ට ඉක්මනින් අවබෝධ වුනා.

එතකොට කලින් ආගමික මත ඉදිරිපත් කරගෙන මහා පූජනීයව සිටි අන්‍යාගමික පිරිවැජියන්ට තිබුනු පිළිගැනීමත් නැතිවුනා. භාග්‍යවතුන් වහන්සේවත් භාග්‍යවතුන් වහන්සේගේ ශ්‍රාවක සඟපිරිසත් දඹදිව මහා ඉහළින් පිදුම් ලැබුවා. මේ කතාවෙහි තියෙන්නේ එබඳු දෙයක්.

ඒ දිනවල අපගේ භාග්‍යවතුන් වහන්සේ වැඩ වාසය කොට වදාළේ සැවැත්නුවර ජේතවනයේ. එදා දම්සභා මණ්ඩපයේ රැස්වූ භික්ෂූන් වහන්සේලා බුදුරජාණන් වහන්සේ නමක් පහළ වීමෙන් සිදුවූ මහා පරිවර්තනය ගැන කතා කරමින් සිටියා. ඒ අවස්ථාවේදී අපගේ භාග්‍යවතුන් වහන්සේ එතැනට වැඩම කොට වදාළා. භික්ෂූන් වහන්සේලා තමන් කතා කරමින් සිටි කරුණ භාග්‍යවතුන් වහන්සේට සැලකොට සිටියා. භාග්‍යවතුන් වහන්සේ මෙසේ වදාළා.

"මහණෙනි, ලෝකයෙහි පිදියයුත්තන් පහළ වන තුරු නොපිදියයුත්තන් පිදුම් ලබනවා. ඒක ලෝකේ හැටි. ඉස්සර කාලෙත් ඔහොම තමා. පිදුම් ලබන්ට සුදුසු අය නැති කාලෙට කිසිම සුදුසුකමක් නැති අය ලාභසත්කාරයෙන් අගතැන්පත්ව වසනවා. හැබැයි පිදුම්

ලබන්ට සුදුසු අය පහළ වූ විට නුසුදුස්සන්ට තැනක් නැතිව යනවා" කියා වදාරා මේ අතීත කතාව ගෙන හැර දක්වා වදාළා.

"මහණෙනි, ගොඩාක් ඉස්සර කාලෙක බරණැස් පුරේ බ්‍රහ්මදත්ත නම් රජ්ජුරු කෙනෙක් රාජ්‍ය විචාරමින් සිටියා. ඔය කාලේ මහාබෝධිසත්වයෝ මොණර කුලේ ඉපදිලා සිටියේ. ඒ මොණරා ලොකු වුනාම ඉතාමත් අලංකාර හැඩ වැඩ ඇති මොණරෙක් වෙලා වනාන්තරේ වාසය කළා.

ඔය කාලේ බාවේරු කියලා රටක් තිබුනා. ඒ රටේ කුරුල්ලෙක් නෑ. කොටින් ම කපුටෙක්වත් දැකලා නෑ. දවසක් වෙළඳ පිරිසක් දිසාවන් බලාගන්ට පුහුණු කළ කපුටෙක්ව කූඩුවක දාගෙන නැව් නැගී බාවේරු රටට ගියා. ඒ රටේ මිනිස්සු කූඩුවේ ඉන්න කපුටා දැකලා පුදුම සතුටට පත් වුනා. "හනේ මෙහෙ වරෙල්ලා... මෙහෙ ඇවිත් බලාපං... මේං හරීම ලාස්සන කුරුල්ලෙක්. මේ කුරුල්ලා ගොඩාක් තිල්පාටයි. ඒකයි මේ තරම් කලු. අනේ බලාපං මේ හොටේ ලාස්සන. ඇස් දෙක මැණික් ගුළි දෙකක් වගේ" කියමින් කපුටාට හරියට ප්‍රශංසා කරන්ට පටන් ගත්තා. ඊට පස්සේ ඔවුන් වෙළෙන්දාගෙන් කපුටාව ඉල්ලන්ට පටන් ගත්තා.

"අනේ පින්වත්නි... අපට මේ කුරුල්ලාව දෙන්ට... මේ වාගේ කුරුල්ලෝ ඔහේලාගේ රටේ තව ඉන්නවා නොවැ. එහෙ ගොහින් වෙන කුරුල්ලෙක් ගන්ට බැරියැ."

"හරි... එහෙනම් අපි මේකාව විකුණනවා."

"අනේ එහෙනම් අපට මේ ලස්සන කුරුල්ලාව රන් කහවණු පහකට දෙන්ට."

"හාපෝ... ඒ ගානට දෙන්ට බෑ" කියා වෙළෙන්දෝ කපුටාගේ මිළ ගණන් ක්‍රමයෙන් ඉහළ නැංගුවා. අන්තිමේදී රන් කහවණු සියයකට කපුටාව වික්කා. "අපට මේ කුරුල්ලා ගොඩාක් උපකාරී වුනා. ඉතින් උඹ එහෙනම් මේ උදවිය එක්කත් මෙත් සිතින් හිටපන්" කියා කපුටාටත් අවවාද කොට කහවණු සියය අරගෙන ගියා.

ඉතිං බාවේරු රටේ මිනිස්සු මේ කපුටාව රන් කූඩුවක දාලා, නොයේක් ආකාරයේ මස් මාංස කන්ට දුන්නා. නොයේක් රසවත් පළතුරුවලින් උපස්ථාන කළා. වෙනත් කුරුල්ලෙක් දකින්ට නැති ඒ රටේ පවිටු ධර්ම දහයකින් හෙබි ලාමක කපුටා ලාභසත්කාරයන්ගෙන් අගතැන්පත්ව වාසය කළා.

ඊළඟ වතාවේ අර වෙළෙන්දන්ට ඉතාම ලස්සන බෝසත් මොණරාව අල්ලාගන්ට ලැබුනා. එතකොට ඔවුන් ඒ මොණරාට අසුරක් ගැසූ සැණින් මිහිරි ලෙස කල කල හඬින් නාද කරන්ට ඉගැන්නුවා. අත්පුඩි ගසනකොට පිල් විදහා නටන්ට ඉගැන්නුවා. මේ විදිහට හොඳින් හික්මවාපු මොණර රාජයාව බාවේරු රටට අරගෙන ගියා.

මහාජනයා රැස් වුනාට පස්සේ මයුරරාජයා නැව් ලෑල්ලේ සිටගෙන පිල්කළඹ විහිදාගෙන මිහිරි නාද කරමින් නටන්ට පටන් ගත්තා. මිනිස්සු මෙතරම් ලස්සන කුරුල්ලෙක් දැකීම ගැන පුදුමයට පත් වුනා.

"අනේ පින්වත්නි, සෞභාග්‍යයෙන් අග තැන්පත් මනාකොට හික්මුණු මේ කුරුළු රාජයාව අපට දෙන්ට කෝ" කියලා මිනිස්සු වෙළෙන්දන්ගෙන් මොණරාව ඉල්ලන්ට පටන් ගත්තා.

"හා... මේං වැඩක්... කලින් වතාවේ අපි කපුටෙක් ගෙනාවා. ඒකාව ගත්තා. දැන් අපි මයුර රාජයෙක් ගෙනාවා. එයාවත් ඉල්ලනවා. ඔහේලාගේ රටට කුරුල්ලෝ නම් ගෙනල්ලා ආයෙමත් අරගෙන යන්ට ලැබෙන්නේ නෑ නොවැ."

"අනේ පින්වත්නි, එහෙම කියන්ට එපා... ඔයාලාට තමුන්නේ රටේ ඕනෑ තරම් කුරුල්ලෝ ඉන්නවා නොවැ. අනේ අපට මේ කුරුල්ලා දෙන්ට." එතකොට වෙළෙන්දෝ මොණර රාජයාව රන් කහවණු දහසකට වික්කා.

එතකොට බාවේරු රටේ මිනිස්සු මොණරා වෙනුවෙන් සත්රුවනින් අලංකාර කරන ලද කූඩුවක් හැදුවා. මස් මාංස, මිහිරි රසවත් පළතුරු ගෙනත් දුන්නා. මී පැණි විළඳ දුන්නා. උක් හකුරු දිය කළ පැන් බොන්ට දුන්නා. මයුර රාජයා ලාභසත්කාරයෙන් අගතැන්පත් ව වාසය කළා. මොණරා ආ දා පටන් කපුටා දෙස බලන්ටවත් කෙනෙක් නැතුව ගියා. කෑම් බීම් කිසිවක් නොලැබෙන කොට "කාක්... කාක්..." කියා කෑ ගසමින් මිනිසුන්ගේ අසූචි හෙළන භූමියට පියාඹා ගියා" කියා වදාළ භාග්‍යවතුන් වහන්සේ මේ ගාථාවන් වදාළා.

(1). **ලස්සන පිල් කළඹක් ඇති**
- සොඳුරු නාද පතුරුවනා
මයුර රාජයා දකින්ට
- නොලැබුනු කාලේ
කපුටෙකු කූඩුවක දමා
- ආදරයෙන් සියලුම සැලකිලි දුන්නා

(2)

මියුරු නාද පතුරවමින් - විහිදා පිල්කළඹ සොඳින්

බාවේරු රටට මයුර රජා - පැමිණී දා පටන්
කපුටාට තිබුනු හැම සැලකිලි - නැතිවෙලා ගියා

(3)

මුළු තුන්ලොව එළිය කරන - ධර්මයට ම අග රජ වූ
බුදුවරයෙක් මේ ලෝකේ - පහළ වෙන තුරා
වෙනත් මහණ බමුණො තමා - පිදුම් ලබන්නේ

(4)

බුදුවරයෙක් පහළ වෙලා - මහකරුණා සිත් පතුරා
මිහිරට බඹඝොස විහිදා - දහම් දෙසන දා
අන්තොටු පිරිවැජියන්ගේ - ලාභ නැතිව යන්නේ

මේ කතාව වදාළ භාග්‍යවතුන් වහන්සේ "මහණෙනි, එදා බාවේරු රටේ කපුටාව සිටියේ නිගණ්ඨනාථපුත්ත. මොණර රාජයාව සිටියේ මම" යි කියා මේ ජාතකය නිමවා වදාළා.

10. විසය්හ ජාතකය

ඉතා දුකසේ පවා දන් දුන් විසය්හ සිටුතුමාගේ කතාව

පින්වතුනේ, පින්වත් දරුවනේ,

ලෝකයේ ඇතැම් අය ඉන්නවා හරිම ආත්මාර්ථකාමියි. ඔවුන් කල්පනා කරන්නේ තමන්ගේ පැවැත්ම, තමන්ගේ තනතුර, තමන්ගේ පිළිගැනීම, තමන් පමණක් ඉන්ට ඕනෑ කියල යි. එවැනි අයගෙන් ඉතා යහපත් අයට තමා බොහෝ විට කරදර සිදුවෙන්නේ. මේ එබඳු කතාවක්.

ඒ දිනවල අපගේ භාග්‍යවතුන් වහන්සේ වැඩ වාසය කොට වදාළේ සැවැත්නුවර ජේතවනයේ. ඔය කාලේ අනේපිඬු සිටුතුමාගේ ව්‍යාපාර කටයුතු අඩපණ වෙලා දිළිඳුව සිටියා. නමුත් දන් දීම අත්හැරියේ නෑ. මොනතරම් නැති බැරි වුනත් කාඩිහොදියි බතුයි හරි දානෙට දුන්නා. අනේපිඬු සිටුතුමාගේ දාන ගුණයට සැලකීමක් වශයෙන් රහතන් වහන්සේලා ඉතාම කැමැත්තෙන් සිටුමැදුරේ දන් වළඳන්ට වැඩියා. ඔය සිටු මැදුරේ එක්තරා මිසදිටු දෙව්දුවක් සිටුතුමා ඉදිරියේ පෙනී සිට සිටුතුමා දුප්පත් වුනේ, ව්‍යාපාර කඩාකප්පල් වුනේ සංඝයා වහන්සේලාට දන් දීමේ සීමාව දැනගන්ට බැරි වූ නිසා ය, දැන්වත් සිහි

උපදවාගෙන දන් දීම නවතා දමන්ට ය කියා නොමග යවන්ට උත්සාහ කළා. එතකොට අනේපිඬු සිටුතුමා ඈට තම නිවසේ නොසිට වහාම පිටවෙන්ට කියා අණ කළා. සිටුතුමාගේ පුණ්‍ය තේජස නිසා දෙව්දුව අසරණ වුනා. අන්තිමේදී සිටුතුමාගේ අටුකොටු ගබඩා සියල්ල රන් කහවණුවලින් පිරවූ දෙව්දුව සිටුතුමාගෙන් සමාව ගත්තා. භාග්‍යවතුන් වහන්සේගෙනුත් සමාව ගත්තා.

දවසක් අනාථපිණ්ඩික සිටුතුමා අපගේ භාග්‍යවතුන් වහන්සේව බැහැදැක මිසදිටු දෙව්දුවගේ ක්‍රියා ගැන කථා කළ වේලේ භාග්‍යවතුන් වහන්සේ මෙසේ වදාළා.

"ගෘහපතිය, ඉස්සර හිටිය නුවණැති සත්පුරුෂයන්ටත් දන් දෙන්ට එපා ය කියා අහසේ පෙනී සිට ශක්‍ර දිව්‍ය රාජයා පවා දානය වළකන්ට හැදුවා. ඒ සක්දෙවිඳුගේ වචනයට අවනත නොවී නුවණැත්තෝ දන් දුන්නා."

එතකොට අනේපිඬු සිටාණෝ ඒ සිදුවීම වූයේ කෙසේ ද කියා දැන ගැනීම පිණිස කියාදෙන්ට යයි භාග්‍යවතුන් වහන්සේගෙන් ඉල්ලා සිටියා. එවිට භාග්‍යවතුන් වහන්සේ මේ අතීත කතාව ගෙනහැර දක්වා වදාළා.

"ගෘහපතිය, ගොඩාක් ඉස්සර කාලෙක බරණැස්පුරේ බ්‍රහ්මදත්ත නමින් රජ්ජුරු කෙනෙක් රාජ්‍ය විචාරමින් සිටියා. ඔය කාලේ මහාබෝධිසත්වයෝ අසූකෝටියක මහාධනයක් ඇතිව විසය්හ නමැති සිටුවරයෙක්ව නිති පන්සිල් රකිමින් දන්දීමට ආසා කොට නිතරම දන් දෙමින් වාසය කළා. ඒ විසය්හ සිටුතුමා නගරයේ ප්‍රධාන දොරටු සතර ළඟත්, නගරය මැදත්, තමන්ගේ නිවස පිහිටි මිදුලේත් යන සය තැනේ දන්සැල් ඉදිකරවා දන් දුන්නා. දිනපතා එක් දන්සැලකට කහවණු ලක්ෂය ගානේ

හය ලක්ෂයක් වියදම් කළා. ඒ වාගේම බෝධිසත්වයන්ට ආහාර පිසින්නේ යම් අයුරකින් ද යාචකයන්ටත් දන් දුන්නේ ඒ ආකාරයට ම යි.

බෝධිසත්වයෝ දඹදිව ගොවීන්ගේ නගුල් භාවිතයෙන් අහක්කොට දිගටම දන් දෙනකොට ඒ දානයේ ආනුභාවය නිසා ශක්‍ර භවනත් කම්පා වුනා. සක්දෙව්රජුගේ පාණ්ඩුකම්බල ශෛලාසනය රත්වෙලා ගියා. එතකොට සක්දෙවිඳු මෙහෙම සිතුවා.

'හෝ... කවුරුවත් මාව මේ ශක්‍ර තනතුරින් බැහැර කරන්ට හදනවා වත් ද' කියා විමසා බලද්දී පුදුමාකාර විදිහට දානයට ම ඇලී වාසය කරන මේ අසය්හ සිටුවරයාව දැකගන්ට ලැබුනා.

'හෝ... මේ ඇත්තා දන් දෙන හැටියට නම් මෙයා මාව පදවියෙන් චුත කරවා තමන් ශක්‍ර තනතුර බලාගෙන වෙන්ට ඕනෑ මෙහෙම දන් දෙන්නේ. ම්ම්... එහෙම නම්... කරන්ට තියෙන්නේ එක දෙයයි. මෙයාගේ ධනය නැති කළාට පස්සේ, මෙයාව දිළිඳු කළාට පස්සේ කොහොමෙයි දන් දෙන්නේ? දෙන්ට මොකුත් එතකොට නෑ නොවැ. හරි එහෙනම්... මෙයාගේ ධනය නැති කර දමන්ට ඕනෑ' කියා සිතා අසය්හ සිටුවරයා සතුව තිබුන සියලුම ධනය අතුරුදහන් කළා. සහල්, තෙල්, පැණි ආදිය විතරක් නොවේ කොටින් ම දැසි දස් කම්කරු කව්රුවත් ම නැතිව ගියා. නොපෙනී ගියා.

දානය හදන්ට ආපු අය "ස්වාමී... හරි වැඩේ... දානශාලාවල් මොකවත් ම පේන්ට නෑ. ඒ තිබුන තිබුන තැන කිසිම දෙයක් පේන්ට නෑ. මොකද අපි කරන්නේ?" කියා ඇසුවා.

"හරි... සිටු මැඳුරේ තව තියෙනවා නොවැ. ඒවා වියදම් කරලා දන් දෙමු. දන් දෙන එක නවත්තන්ට එපා" කියලා සිය සිටුබිරිඳට කතා කළා. "හාමිනේ... දානෙ දෙන එක අපි දිගට ම දෙන්ට ඕනෑ."

එතකොට සිටුදේවිය දානෙට දිය හැකි දෙයක් ගෙදර සොයා බැලුවා. අඩමස්සක තරම්වත් දෙයක් පේන්ට නෑ.

"අනේ ආර්යපුත්‍රය... ඇඳිවත විතරයි අපට ඉතිරි වෙලා තියෙන්නේ. වෙන කිසිම දෙයක් නෑ. හැම දෙයක් ම අතුරුදහන් වෙලා ගොහින්. මුළු සිටු මැඳුර ම හිස් නොවැ." එතකොට සිටුතුමායි සිටුබිරිඳයි ගිහින් සත්රුවන් පිරී තිබුනු ගබඩාවල දොරවල් හැර බැලුවා. ඒ ඔක්කෝමත් හිස්. කොටින් ම ඉතුරුවෙලා ඉන්නේ සිටුතුමයි, බිරිඳයි විතරයි. ඔවුන්ගේ එක සේවකයෙක්වත් නෑ.

එතකොට අසය්හ සිටුවරයා බිරිඳට මෙහෙම කිව්වා. "අනේ හාමිනේ... මට දානේ නම් නවත්වන්ට බෑ. මුළු සිටු මැඳුර ම පීරලා හරි අපි මොනා හරි සොයාගන්ට ඕනෑ. එතකොට ම තණකොළ මිටි ගෙනියන මිනිහෙක් දෑකැත්තකුයි, කදකුයි, තණකොළ මිටි බඳින ලණුවකුයි සිටුගේ ඉදිරියෙන් දාලා ගියා. සිටු බිරිඳ ඒවා දැකලා අහුලාගෙන ආවා. "ස්වාමී... මේං මේවා විතරක් අපට දකින්ට තියෙනවා. වෙන මොකවත් නෑ."

"හරි සොඳුරී... අපට මෙතෙක් කාලයකට තණකොළ කපන්ට ලැබිලා නෑ නොවැ. ඒකත් හොඳා... එහෙනම්... අපි ගොහින් තණකොළ කපා මිටි බැඳලා විකුණමු. විකුණලා ඒ ලැබෙන මුදලින් අපි පුළුවන් හැටියට දානයක් දෙමු" කියා තමන් මෙතෙක් දවස් දීගෙන ආ දානය කඩාකප්පල්

වේය යන භයට දෙන්නාම දැකැත්තකුයි, ලණුවයි, කදයි අරගෙන නගරෙන් පිටත්වෙලා තණකොළ යායට ගිහින් තණ කැපුවා. "හරි... මේ තණ මිටිය විකුණා ගන්නා දේ අපි දානෙට දෙමු. මේ තණ මිටිය විකුණා ගෙන අපි දෙන්නාට මොනවා හරි කෑමට ගන්ට බැරියැ" කියලා තණකොළ මිටි දෙක කදට දමාගෙන කරේ තියාගෙන ගියා. නගර දොරටුවේදී ඒවා විකුණා ගත්තා. මසුරන් කීපයක් ලැබුනා. ඒවා දෙකට බෙදා එක් කොටසක් යාචකයන්ට බෙදුවා. එදා යාචකයෝ ගොඩාක් මේ දෙන්නාව වටකර ගත්තා. "අනේ මටත් දෙන්ට, මටත් දෙන්ට" කියමින් මෙයාලාව වටකර ගත්තා. එතකොට සිටුතුමා තමන්ට කිසිවක් නොතියාගෙන ඒ ඔක්කෝම දුන්නා. තමාත් බිරිඳත් නිරාහාරව කල්ගත කළා.

මේ විදිහට දවස් හයක් ගෙවී ගියා. සත්වෙනි දවසේත් දෙන්නා තණකොළ කපන්ට තණ යායට ගියා. දින හතක් ම බඩට කිසි ආහාරයක් නැති නිසා අතිසුඛුමාල ජීවිතයක් ගෙවා තිබුනු සිටුතුමාගේ නළලට හිරු රැස් වැටුණු පමණින් දෑස් නිලංකාර වෙලා ගියා. සිහිකල්පනාව රඳවා ගන්ට බැරිව ගියා. තණකොළ ගොඩේ එහෝම ඇදගෙන වැටුනා. ශක්‍රදේවරාජයා තමන් කළ වැඩේ ගැන හොඳ විපරමෙන් සිටියේ. එසැණින් ඇවිත් ආකාසේ පෙනී සිට මේ පළමු ගාථාව කිව්වා.

(1). එම්බා විසය්හ සිටුවර -
දුන්නා නොවැ කලිං දානේ ඕන තරම්
දානෙ ම දිගටම දෙන්ට ගොහින් -
හැමදෙයක් ම නැතිවුනානෙ තොප හට
මීට පස්සෙවත් ඔය දාන නොදී -
පාඩුවෙ ඉන්නට හිතට ගනිං

එතකොට තොපගේ නැති වුන සම්පත් - කලිං තිබුන විදිහට ම තියේවී

අසය්හ සිටාණෝ ඒ දෙවියාගේ වචනය අසා "මුන්නැහේ කවුද?" කියා ඇසුවා. එතකොට සක්දෙවිඳු "මට තමයි සක් දෙවිඳු කියන්නේ" කියා කිව්වා.

"ඕ... හෝ... එතකොට ඔහේය සක් දෙවිඳු! හරි... ඔහේගෙ විත්ති අපි අසා තියෙනවා. ඔහේ නොවැ පූරුවෙ ආත්මෙ මහා දන් පවත්වලා හිට, සිල් සමාදන් වෙලා, උපෝසථ සිල් ආරක්ෂා කොරලා, ව්‍රත පද සතක් පුරාලා ශක්‍ර දේව පදවියට පත් වුනේ. හොහ් හෝ... යසයි කළ වැඩේ මෙදා. ඔහේ තමුන්නේ ඉසුරු බල නිසාවෙන් නේද මේ අනුන්ගේ දානෙට හදි කැටුවේ. අනේ හැබෑට මෙවර නම් සත්තකින් ම ඔහේ කළේ අනාර්ය වැඩක්! කියලා මේ ගාථාවන් පැවසුවා.

(2)

එම්බා දහසක් නෙත් ඇතියාණෙනි
- දෙව්ලොව සිටිනා දේවරජාණෙනි
ඉතාම දිළිඳුව ඉන්නා ආර්යයෙකු විසින්
- අනාර්ය දේ නොකළ යුතුයි
ඔබගෙන් ලැබෙනා ධනය හේතුවෙන්
- මගේ සැදැහැසිත නැති කරන්ට වේ නම්
ඒ ලැබෙනා ධනයෙන් නම් මා හට
- කිසිම පලක් නැත්තේ

(3)

වාසව දෙව්රජුනේ ඔබ මෙයත් අසනු මැන
යම් තනි මගකින් රථයක් ගමන් කළේ නම්
ඒ මගින් ම තමා අනිත් රථයත් යන්නේ

මං කලින් පැවැත්වූ යම් දන් වැටක් තිබේ නම්
පණ තියෙනා තුරා මාගේ ඒ දන් වැට පවතීවා

(4)

ඉදින් තිබේ නම් ධනවස්තුව මා හට
- දානය මං දෙනවා ම යි
දැන් කිසිවක් නොමැති නිසා මා ළඟ
- මොනවද මං දානෙට දෙන්නේ
තණකොළ මිටි බැඳ විකුණා හෝ මං
- දානය දෙනවා දෙනවා ම යි
කොතරම් අසරණ වී සිටියත් මං
- දානෙට ප්‍රමාද වෙන් නැහැ ම යි

බෝධිසත්වයන් තුළ දානය ගැන ඇති අධික නැඹුරුවීම ගැන ඇසූ සක්දෙවිඳු මෙහෙම ඇසුවා. "හරි... එහෙනම් මට කියන්ට ඔහේ ඔතරම් දානෙ දෙන්නේ මොනවාගේ දෙයක් පතාගෙන ද?"

"අනේ සක්දෙවිඳුනි, මං මේ දානයෙන් කවරදාකවත් ශක්‍රපදවියක් පැතුවේ නෑ. බ්‍රහ්මපදවියක් පැතුවේ නෑ. මං පැතුවේ සර්වඥතා ඥානය ම යි. ඒ විස්මිත ප්‍රඥාමහිමය පතාගෙන විතරයි මං දන් දෙන්නේ." මෙය ඇසූ සක් දෙවිඳුට අසය්හ සිටුවරයා ගැන මහත් වූ ආදරයකුත් සතුටකුත් හටගත්තා. තමන්ගේ දිව්‍ය හස්තයෙන් සිටුවරයාගේ පිට පිරිමැද්දා. එසැණින් ම බෝධිසත්වයන්ගේ සියලු වෙහෙස නැතිව ගියා. හොඳට ප්‍රණීත ආහාරපාන වැළඳූ කලක වගේ සරීර සැපයක් හටගත්තා. සක්දෙවිඳුගේ ආනුභාවයෙන් බෝධිසත්වයන්ගේ නැති වූ හැම දෙයක් ම තිබූ පරිද්දෙන් ම පෙනෙන්ට වුනා. සක් දෙවිඳු මෙහෙම කිව්වා. "මහාසිටුවරය, එහෙනම් ඔබතුමා අද පටන්

දිනපතා දොළොස් ලක්ෂයක් ම වියදම් කොට දානෙ දෙන්ට හොඳේ" කියා සිටුමැදුරේ ගබඩාවල අප්‍රමාණ ධනය ලබා දී දෙව්ලොව ගියා" කියා වදාළ භාග්‍යවතුන් වහන්සේ මෙසේත් වදාළා.

"ඉතින් ගෘහපතිය, ඔන්න ඔය විදිහට යි පෙර සිටිය නුවණැත්තෝ දුෂ්කරතා මැඩගෙන දන් දුන්නේ. එදා සිටුබිරිඳ වෙලා සිටියේ අපගේ රාහුලමාතාවෝ. විසය්හ සිටුවරයාව සිටියේ මම" යි කියා භාග්‍යවතුන් වහන්සේ මේ ජාතකය නිමවා වදාළා.

සිව්වෙනි කෝකාලික වර්ගය යි.

මහාමේඝ ප්‍රකාශන

- **ත්‍රිපිටක පොත් වහන්සේලා :**

01. **දීඝ නිකාය 1 කොටස**
    (සීලක්ඛන්ධ වර්ගය)
02. **දීඝ නිකාය 2 කොටස**
    (මහා වර්ගය)
03. **දීඝ නිකාය 3 කොටස**
    (පාථික වර්ගය)
04. **මජ්ඣිම නිකාය 1 කොටස**
    (මූල පණ්ණාසකය)
05. **මජ්ඣිම නිකාය 2 කොටස**
    (මජ්ඣිම පණ්ණාසකය)
06. **මජ්ඣිම නිකාය 3 කොටස**
    (උපරි පණ්ණාසකය)
07. **සංයුත්ත නිකාය 1 කොටස**
    (සගාථ වර්ගය)
08. **සංයුත්ත නිකාය 2 කොටස**
    (නිදාන වර්ගය)
09. **සංයුත්ත නිකාය 3 කොටස**
    (ඛන්ධක වර්ගය)
10. **සංයුත්ත නිකාය 4 කොටස**
    (සළායතන වර්ගය)
11. **සංයුත්ත නිකාය 5 කොටස**
    (මහා වර්ගය - 1)
12. **සංයුත්ත නිකාය 5 කොටස**
    (මහා වර්ගය - 2)
13. **අංගුත්තර නිකාය 1 කොටස**
    (ඒකක, දුක, තික නිපාත)
14. **අංගුත්තර නිකාය 2 කොටස**
    (චතුක්ක නිපාත)
15. **අංගුත්තර නිකාය 3 කොටස**
    (පඤ්චක නිපාත)
16. **අංගුත්තර නිකාය 4 කොටස**
    (ඡක්ක, සත්තක නිපාත)
17. **අංගුත්තර නිකාය 5 කොටස**
    (අට්ඨක, නවක නිපාත)
18. **අංගුත්තර නිකාය 6 කොටස**
    (දසක, ඒකාදසක නිපාත)
19. **ඛුද්දක නිකාය 1 කොටස**
    (ඛුද්දකපාඨ පාළි, ධම්මපද පාළි,
    උදාන පාළි, ඉතිවුත්තක පාළි)
20. **ඛුද්දක නිකාය 2 කොටස**
    (විමාන වත්ථු , ප්‍රේත වත්ථු)

- **ධර්ම දේශනා ග්‍රන්ථ :**

01. කියන්නම් සෙනෙහසින් මිය නොයන්
    හිස් අතින්
02. තෝරාගනිමු සැබෑ නායකත්වය
03. දම් දියෙන් පණ දෙව් විමන් සැප
04. ගිහි ගෙයි ඔබ ඇයි?
05. මෙන්න නියම දේවදූතයා
06. අතරමං නොවීමට...
07. සුන්දර ගමනක් යමු
08. ලෙඩ දුක් වලින් අත්මිදෙමු
09. ලෝකය හැදෙන හැටි
10. මරණය ඉදිරියේ අසරණ නොවීමට නම්
11. අපේ නව වසර බුද්ධ වර්ෂයයි
12. සැබෑ බිරිඳ කවුද?
13. රහතුන්ගේ ධර්ම සාකච්ඡා
14. සැබෑ දියුණුවේ රන් දොරටුව
15. ස්වර්ණමාලී මහා සෑ වන්දනාව
16. ගෞතම සසුනේ පිහිට ලබන්නට...
17. පින සහ අවබෝධය
18. සැබෑ බසින් මෙම සෙත සැලසේවා !
19. සුගතියට යන සැලැස්මක්
20. පිනක මහිම

- **සදහම් ග්‍රන්ථ :**

01. පිරුවානා පොත් වහන්සේ
02. ඔබේ සිත සමඟ පිළිසඳරක්
03. සිතට සුවදෙන භාවනා
04. පින් මතුවෙන වන්දනා
05. ශ්‍රී සම්බුද්ධත්ව වන්දනා
06. සිරි ගෞතම බෝධි වන්දනාව
07. අසිරිමත් පසේබුදු පෙළහර
08. අනේ..! අපේ කථාවත් අහන්න...
09. ධාතුවංශය
10. නුවණැතියන් සද්ධර්මයට පමුණුවන
    අසිරිමත් පොත් වහන්සේ -
    නෙත්තිප්පකරණය
11. මහාවංශය
12. පාළි-සිංහල මහා සතිපට්ඨාන සූත්‍ර දේශනාව

● ජාතක කථා පොත් පෙළ :

01. නුවණ වැඩෙන බෝසත් කථා 1
02. නුවණ වැඩෙන බෝසත් කථා 2
03. නුවණ වැඩෙන බෝසත් කථා 3
04. නුවණ වැඩෙන බෝසත් කථා 4
05. නුවණ වැඩෙන බෝසත් කථා 5
06. නුවණ වැඩෙන බෝසත් කථා 6
07. නුවණ වැඩෙන බෝසත් කථා 7
08. නුවණ වැඩෙන බෝසත් කථා 8
09. නුවණ වැඩෙන බෝසත් කථා 9
10. නුවණ වැඩෙන බෝසත් කථා 10
11. නුවණ වැඩෙන බෝසත් කථා 11
12. නුවණ වැඩෙන බෝසත් කථා 12
13. නුවණ වැඩෙන බෝසත් කථා 13
14. නුවණ වැඩෙන බෝසත් කථා 14
15. නුවණ වැඩෙන බෝසත් කථා 15
16. නුවණ වැඩෙන බෝසත් කථා 16
17. නුවණ වැඩෙන බෝසත් කථා 17
18. නුවණ වැඩෙන බෝසත් කථා 18
19. නුවණ වැඩෙන බෝසත් කථා 19
20. නුවණ වැඩෙන බෝසත් කථා 20
21. නුවණ වැඩෙන බෝසත් කථා 21
22. නුවණ වැඩෙන බෝසත් කථා 22
23. නුවණ වැඩෙන බෝසත් කථා 23
24. නුවණ වැඩෙන බෝසත් කථා 24
25. නුවණ වැඩෙන බෝසත් කථා 25
26. නුවණ වැඩෙන බෝසත් කථා 26
27. නුවණ වැඩෙන බෝසත් කථා 27
28. නුවණ වැඩෙන බෝසත් කථා 28
29. නුවණ වැඩෙන බෝසත් කථා 29

● අලුත් සදහම් වැඩසටහන :

01. දුක් බිය නැති ජීවිතයක්
02. දස තථාගත බල
03. දෙව්ලොව උපත රැකවරණයකි
04. නුවණ වැඩීමට පිළියමක්
05. ලොවෙහි එකම සරණ
06. මෙන්න දුකේ රහස
07. නුවණ ලැබීමට මුල් වන දේ
08. නිවැරදි ලෙස දහම දැකීම
09. මොකක්ද මේ ක්ෂණ සම්පත්තිය?
10. පඤ්ච උපාදානස්කන්ධය
11. ප්‍රඥාවමයි උතුම්
12. නුවණින් විමසීම අපතේ නොයයි
13. පිහිටක් තියෙනවා ම යි
14. කොහොමද පිහිට ලැබගන්නේ...?
15. බුදු නුවණින් පිහිට ලබමු
16. අසිරිමත් දහම් සාකච්ඡා
17. දිව්‍ය සභාවක අසිරිය
18. ආර්ය ශ්‍රාවකයාගේ අවබෝධය
19. අසිරිමත් මහාකරුණාව!
20. විස්මිත පුහුණුව
21. අපට සොඳ ය සියුම් නුවණ
22. දුකෙන් මිදෙන්ට ඕනෑ නැද්ද?
23. නුවණැත්තෝ දකිති දහම
24. තමාට වෙන දේ තමාවත් නොදනියි
25. දැන ගියොත් තිසරණයේ, නොදැන ගියොත් සතර අපායේ
26. විහින් අමාරුවේ වැටෙන්න එපා!

● සදහම් සිතුවම් පොත් පෙළ :

01. ඡත්ත මාණවක
02. බාහිය දාරුචීරිය මහරහතන් වහන්සේ
03. පිණ්ඩෝල භාරද්වාජ මහරහතන් වහන්සේ
04. සුමන සාමණේර
05. අම්බපාලී මහරහත් තෙරණියෝ
06. රට්ඨපාල මහරහතන් වහන්සේ
07. සක්කාර නුවර මසුරු කෝසිය
08. කිසාගෝතමී
09. උරුවේල කාශ්‍යප මහරහතන් වහන්සේ
10. සංකිච්ච මහරහතන් වහන්සේ
11. සුප්පබුද්ධ කුෂ්ඨ රෝගියා
12. නිවී ගිය සේක බුද්ධ දිවාකරයාණෝ
13. සුමන මල් වෙළෙන්දා
14. කාලි යක්ෂණිය
15. මුගලන් මහරහතන් වහන්සේ
16. ලාජා දෙවඟන
17. ආයුවඩ්ඪන කුමාරයා
18. සන්තති ඇමති
19. මහධන සිටුපුත්‍රයා
20. අනේපිඬු සිටුතුමා
21. නන්ද මහරහතන් වහන්සේ
22. මණිකාර කුළුපග තිස්ස තෙරණුවෝ
23. විශාඛා මහෝපාසිකාව
24. පතිපූජිකාව
25. සිරිගුත්ත සහ ගරහදින්න
26. මහාකස්සප මහරහතන් වහන්සේ
27. අහෝ දෙව්දත් නොදුටි මොක්පුර

28. භාගිනෙය්‍ය සංඝරක්ඛිත මහරහතන් වහන්සේ
29. උදලු කෙටිය
30. සාමාවතී සහ මාගන්දියා
31. සිරිමා
32. බිළාලපාදක සිටුතුමා
33. මඝවා නම් වූ සක්දෙවිඳු
34. ආනන්දය, සර්පයා දුටුවෙහි ද?
35. සුදොවුන් නිරිඳු
36. සුමනා දේවිය
37. නමෝ බුද්ධාය

- **ඉංග්‍රීසි භාෂාවට පරිවර්තනය වී ඇති ධර්ම දේශනා ග්‍රන්ථ :**

01. Mahamevnawa Pali-English Paritta Chanting Book
02. The Wise Shall Realize
03. The life of Buddha for children
04. Buddhism

- **ඉංග්‍රීසි භාෂාවට පරිවර්තනය වී ඇති සූත්‍ර දේශනා ග්‍රන්ථ :**

01. Stories of Ghosts
02. Stories of Heavenly Mansions
03. Stories of Sakka, Lord of Gods
04. Stories of Brahmas
05. The Voice of Enlightened Monks
06. The Voice of Enlightened Nuns
07. What Does the Buddha Really Teach? (Dhammapada)
08. What Happens After Death - Buddha Answers
09. This Was Said by the Buddha

- **ඉංග්‍රීසි භාෂාවට පරිවර්තනය වී ඇති සදහම් සිතුවම් පොත් :**

01. Chaththa Manawaka
02. The Great Arhant Bahiya Darucheeriya
03. The Great Arhant Pindola Bharadvaja
04. Sumana the Novice monk
05. The Great Arahath Bikkhuni Ambapali
06. The Great Arahant Rattapala
07. Stingy Kosiya of Town Sakkara
08. Kisagothami
09. Sumana The Florist
10. Kali She-devil
11. Ayuwaddana Kumaraya
12. The Banker Anathapindika
13. The Great Disciple Visākhā
14. Siriguththa and Garahadinna

www.ingramcontent.com/pod-product-compliance
Lightning Source LLC
Chambersburg PA
CBHW070550030426
42337CB00016B/2430
9789556871579